KB083379

1등이 아니라 1호가 되라

1등이 아니라 1호가 되라

이내화 지음

모아북스
MOABOOKS

당신 자신이 곧 당신의 기업이다

'평생 은퇴 못하고 일해야 하는 미국인 갈수록 늘어'

점점 더 많은 미국인들이 노후자금 부족으로 은퇴 후에도 일할 계획이 있는 것으로 한 여론조사 결과 나타났다. 럿거스 대학 존 헬드리치 인력개발센터가 지난 5월과 6월 미 전역에서 800명을 대상으로 실시한 조사에서 응답자 중 아예 평생 은퇴를 할 수 없을 것이라고 답한 사람들은 2000년 7퍼센트에서 12퍼센트로 늘었다.

반면 13퍼센트만이 은퇴 후 완전히 일을 그만두겠다고 밝혔으며 은퇴 후에도 전일제로든 파트타임으로든 일을 계속할 것이라고 답한 사람은 70퍼센트에 달했다. 은퇴 후 특히 경제적인 이유로 전일제 직업을 갖겠다고 한 사람은 5년 동안 2배 가까이 늘어 6퍼센트였으며 파트타임 일자리 희망자도 10퍼센트에서 18퍼센트로 증가했다.

그러나 개인적인 관심을 충족하기 위해 파트타임으로 일하겠다고 답한 사람은 2000년 42퍼센트에서 이번 조사에서는 27퍼센트로 대폭 감소했다. 응답자 중 원하는 시기에 은퇴할 수 있다고 자신하는 사람들은 2000년 29퍼센트에서 25퍼센트로 줄었다. 헬드리치 센터의 칼 반 혼 소장은 이러한 변화가 주식시장 불황과 사회보장제도 관련 논쟁, 파산위기에 처한 기업들의 연금 납부 중단 등으로 촉발됐다고 풀이했다.

실제로 설문 응답자 40퍼센트는 은퇴할 때 사회보장 혜택을 받을 수 있다고 생각지 않는다고 답했으나 사회보장을 대체할 만한 자금을 확보하지 못했다는 사람이 35퍼센트나 됐다. 노후 자금을 제대로 모았다고 여기는 사람도 5년 전 52퍼센트에서 46퍼센트로 줄었다.

반 혼 소장은 "직업에서 완전히 떠나 가족이나 친구들과 여가를 즐긴다는 식의 전통적 은퇴 개념이 사라지고 있다"고 논평했다.

(필라델피아 로이터=연합뉴스)

나는 '1인 기업가' 1세대다. 올해로 활동한 지 16년이 된다. 그동안 5,000여 회에 달하는 강의를 했고, 900여 회에 이르는 방송 출연을 했다. 아울러 책 20여 권을 출간했다. 그리고 고액 연봉자가 되기도 했다. 남들이 한 번쯤 타고 싶어 하는 외제차도 타고 남들이 한번쯤 꿈꾸어본 전원주택에서도 산다. 정신없이 나만의 콘텐츠로 세상과 '맞짱'을 뜬 셈이다.

그동안 강의장에서 만난 수많은 직장인이나 지인들이 알고 싶어 한 것이 하나 있다. 다름 아닌 '내가 간 길'이었다. 말하자면 나처럼 1인 기업가가 되는 시스템, 즉 Career Path System을 구축할 수 있는 지름길이나 첩경을 배우고자 했다. 그들은 직접 찾아오기도 하고 이메일이나 전화로 물어오기도 했다. 나는 강사라는 1인 기업가의 스펙트럼을 확장해서 사람을 멘토링해주고 있다. 이름하여 '1인 기업 人큐베이팅' 이다.

人큐베이팅Incubating이라는 것도 역시 1인 기업가를 만드는 일이다. 나는 1인 기업가를 '날리프레너Knowleprenuer' 라고 부른다. 이 말은 내가 만든 생존 코드다. '지식Knowledge' + '기업가Entreprenuer' 라는 단어의 합성어로서 '지식 기반 1인 기업가' 를 뜻한다. 이것을 좀 풀어서 소개하면 'I-COOK : 내가 내 직업을 요리한다' 가 된다. 이는 'I.COM ON KNOWLEDGE' 의 합성어로 지식을 기반으로 하는 1인 기업I.COM을 말한다.

이 책은 그동안 내가 '맨땅에 헤딩' 하듯이 '1인 기업가 탐색하기', '1인 기업가 되기', '1인 기업가 확장하기', '1인 기업가 수정하기' 등을 경험하면서 얻은 지혜를 정리했다. 아울러 '1인 기업 人큐베이팅' 을 통해 1인 기업가를 양성한 경험을 바탕으로 그 길로 가는 지름길을 소개할 것이다.

나는 날리프레너란 콘셉트를 확장해서 최근 '유퍼니YouPany' 코드를 만들었다. 유퍼니란 당신You와 Company의 합성어로 '당신이 기업이다!' 라는 뜻이다.

이 책에서 소개하는 이야기는 노하우Know-How가 아니라 실제로 지금 시도하고 있는 두 하우Do-How다. 다소 내용에 가감은 있겠지만 내가 인큐베이팅을 할 때 사용하는 교육 내용을 지상으로 옮겨 놓은 1인 기업 지상 콘서트라고 보면 된다.

나는 현재 우리나라 최초로 품격 있는 1인 기업가 양성 과정인 '유퍼니' 과정을 진행하고 있다. 이 교육은 철저한 1대 1인 매칭 시스템 교육으로, 약 2년에 걸쳐 오프라인으로 진행된다. 이 과정을 마치면 누구나 1인 기업가로 당당하게 남다른 인생을 살아가게 된다. 나는 이런 과정을 통해 성공한 멘티들을 이미 배출한 바 있다.

이런 비즈니스의 시작은 내가 S기업을 재직할 때부터 구상했다. 당시 홍보 업무를 맡았던 나는 회사의 갑작스런 조직개편으로 소위 '명퇴의 길'을 가게 된다.

구조조정으로 퇴출을 맞은 것이다. 그 뒤로 나는 은퇴했거나 퇴직한 직장인을 만나면 우선 "축하합니다!"라는 말을 해주었다. 다소 도발적인(?) 말로 들릴 수도 있지만 퇴직을 했다는 사실은 다른 면을 담고 있다. 좀 과장해서 말하면 시쳇말로 '대박'이다. 사람들은 퇴직에 대한 현상만 보지 본질은 보지 못한다.

퇴직의 본질은 무엇일까? 퇴직은 당신에게 또 다른 길로 들어설 수 있는 기회를 주는 셈이다. 그리고 자신만이 하고 싶었던 일들(흔히 '버킷리스트'라고 한다)을 할 수 있도록 길을 열어준다. 그뿐만 아니라 삶의 축이 크게 이동한다. 대개 직장인의 삶이란 '자신의 삶'을 사는 게 아니라 '상사의 삶'을 대신 살아온 것이라고 해도 무리가 아니다. 즉 퇴직은 이런 올가미에서 벗어나서 독립만세를 부르는 일련의 과정인 셈이다.

세계적인 경영컨설턴트인 톰 피터스는 노벨평화상 수상자인 무하마드 유누스Muhammad Yunus의 말을 인용해서 'Brand You' 라는 개념을 소개한다. '인간은 원래 기업가였다' 라고 다음과 같이 강조한다.

All human beings are entrepreneurs. When we were in the caves, we were all self-employed. We were finding our food, we're feeding ourselves. That's where the human history began with. As civilization came, we suppressed it and made it into labor. We are all labor. We became labor, because you stamped us, "You are labor." We forgot that we are entrepreneurs.

- Muhammad Yunus

우화 하나를 소개한다.

물에서 나가 땅에서 걷고 싶어 하는 물고기가 있었다. 그는 매일 뭍으로 올라가 지느러미로 기어 다니는 연습, 공기로 숨을 쉬는 연습을 했다. 날마다 조금씩 더 멀리 나갔고 훈련 시간도 차차 늘려나갔다. 드디어 이 물고기는 육지 동물처럼 아무 거리낌 없이 땅위에서 생활할 수 있게 됐다. 꿈을 이룬 것이다. 그런데 어느 날 넓은 강

위에 놓인 다리를 건너게 된다. 그는 뒤뚱거리며 다리를 건너다 그만 떨어지고 말았다. 그리고 물에 빠져 죽었다. 헤엄치는 법을 잊어버렸기 때문이다. 〈〈동아일보 DBR〉 발췌〉

나는 이 책을 통해 누구나 '1인 기업가' 즉 '유퍼니'가 될 수 있는 '유로스타You로Star 로드맵(표1)'을 소개할 것이다. 누구나 도전만 하면 쉽게 할 수 있는 프로세스다. 이것을 'I-Branding'이라고 하는 데 바로 Think You→Know You→Focus You→Show You→Be You 를 말한다.

유로 스타(You 로 Star)

구분	단계	압축	공식	방식	콘셉트	코드	스타일	방법	가치	결과
1	비움	空	Think	초심	답답	幼	職場	환경분석	成績	小品
2	세움	立	Know	중심	정답	有	職業	자기분석	成功	商品
3	배움	學	Focus	열심	해답	由	業	사회분석	成就	一品
4	채움	習	Show	진심	자답	唯	유잡	목표설정	成長	珍品
5	나눔	行	Be	합심	You답	遺	유퍼니	자기연출	成熟	名品

(표1)

이 책에서 소개한 이 내용을 차근차근 착실하게 밟아 가면 당신도 당당하게 1인 기업가로 세상과 맞짱을 뜰 수 있게 된다. 그리고 임계점을 모르는 불확실성 시대에 '살아남는 법'을 체득할 수 있을 것이다.

'유퍼니'가 되는 과정은 도자기를 굽는 일과 흡사하다. 말하자면 당신을 하나의 명품으로 만드는 일이다. 물론 땀, 수고, 노력, 정성이라는 수업료를 내야 한다. 이 세상에 공짜는 없다.

혹시 이런 생각을 해보았는가?

- 나는 회사를 그만두면 (　　)을 꼭 하고 싶다.
- 지금 내가 꼭 하고 싶은 것은 (　　)이다.
- (　　)만은 일생 동안 도전하고 싶다.
- 내가 진심으로 하고 싶은 것은 (　　)이다.

생각만 하지 마라, 이젠 (　　)을 채워나가라.

다음은 배현정 〈한경머니〉 기자의 글이다.

"생의 전반에 달 위를 걸었던 사람이라면, 생의 후반에는 무엇을 하라고 해야 합니까." 젊은 의사가 질문했다. 그는 우주 비행사가 은퇴 후 전환을 맞이하는 순간 실질적인 도움을 줘야 하는 역할을 맡고 있었다. 저명한 라이프스타일 전략 전문가인 리처드 J. 라이더가 답했다. "우주 비행사든 부자든 관계없이 자신의 정체성과 목적을 찾는 것이 매우 중요합니다." (〈한경닷컴〉 발췌)

노자의 《도덕경》에 '동선시動善時'라는 말이 나온다. "모든 일에 때가 있으니 주어진 시간에 최선을 다하라."라는 뜻이다. 시나브로로

도태되거나 담대하게 일어나거나 모든 것은 선택이다. 모든 생태계에는 천적이 있다. 당신 인생이란 생태계에 천적은 누구일까? 당신이다. 이제 당신이 반전을 도모할 때다. 당신만의 새로운 스토리를 만들어가라! 바로 당신이 기업이다.

그래서 당신만의 불후의 명곡을 하나씩 만들어가라! "Fly To The You!" 유퍼니! 바로 You을 통해 인생에서 굴기屈起를 하는 것이다.

이내화

12

PART 2 ——— What
후後 are 有?

PART 3 ——— How-1
후後 are 唯?

PART 4 ——— How-2
생존을 위한 유퍼니 로드맵 26계

에필로그

내 삶의 I-COOK 알고리즘

PART 1

Why

후後 are You?

1) 판이 아니라 틀을 바꿔라

강의를 마치고 다음 일정을 위해 전철로 이동하고 있는데 대기업 중역으로 있는 P이사에게 문자메시지가 왔다.

"선배님, 요즘도 바쁘신지요?"
"그래, P이사, 잘 지내지?"

P이사는 현직에 있을 때 나를 강사로 자주 불러주던 고마운 후배다. 그런데 그가 갑자기 연락을 해온 것이다.

"영업본부에 있지?"
"아니요."
"그럼 다른 본부로 갔나?"
"저 지난 달에 짤렸습니다."
"무슨~·· 농담이지?"
"진짜입니다."

"왜 그래?"

"회사 나왔습니다."

언뜻 듣기엔 장난같이 들렸지만 사실이었다. 멀쩡히 잘 다니던 회사에서 짤리다니.

그 순간 16년 전 내 모습이 떠올랐다. 나도 갑작스럽게 퇴직 통보를 받은 적이 있다. 다니던 S그룹에서 구조조정을 당한 것이다. 이제는 '퇴사' 나 '구조조정' 이란 단어가 흔하지만, 정작 자신에게 해당하는 일이라면 그 무게는 너무나 묵직하게 느껴진다.

나는 멍한 상태에서 착잡한 심정으로 문자를 보냈다.

"그럼 좀 보자."

"넵. 시간과 장소 말씀 주시면 찾아뵐게요."

며칠 뒤 P이사를 만났다. 그간의 이야기도 듣고 세상 돌아가는 이야기도 나누었다. 그리고 가장 시급한 일자리에 대한 생각과 대책을 나름 세워주었다.

대학에서 행정학을 전공한 P이사는 줄곧 영업에서만 일을 했다. 말하자면 영업통이다. 그게 그나마 다행 중 다행이었다.

혹시 '인구론' 이란 말을 들어봤을 것이다. "인문계 대학생 90%는 논다" 라는 풍자다. 이걸 40~50세대라고 비껴갈 일이 없다. 대개 인문계 전공한 이들이 회사를 관두면 딱히 할 일이 없다.

필자는 이들을 두고 〈말짱 황〉이라고 농담조로 이야기를 자주 한다. 너무 과한 것 아니냐 하는 사람도 있겠지만 이들은 〈직장〉을 다 녔지 〈직업〉을 갖고 있지 않았기 때문이다. 이 〈말짱 황〉 리그에 속 한 이들이 매번 수만 명 씩 나온다. 여기엔 이씨 집안, 정씨 집안, 구 씨 집안 등등 우리나라에서 내 놓아라(?)는 집안사람들로 매한가지 다. 〈직장〉을 갖고 있던 거라면 어쩔 수 없는 노릇이다.

다음은 그날 P이사에게 처방한 내용이다.

"P이사! 그나마 다행이다. 자넨 나름 후반전에 써먹을 게 있네. 한 분야를 오래한 게 장점이네."

"에이, 별거 아닙니다."

"아냐, 영업일만 한 게 다행 중 다행이야"

"무슨 말씀이신지요?"

"우선 일자리를 구하자고 날 만났다면 그건 좀 오산이네, 이젠 일 자리는 구해서는 안 되고 일거리를 찾아야 하네. 그러자면 일자리를 스스로 만들어야 하네. 내가 16년 전 《주식회사 나》라는 책을 출간 한 것도 바로 그런 맥락이야. 즉 자네 스스로 직업을 만들어야 해."

이런 주문에 P이사는 다소 당황한 듯 보였다. 그는 전문가인 나를 만나서 딱 떨어지는 처방전을 받아갈 것이라고 기대했을 것이다.

P이사는 필기구를 꺼내 메모를 하기 시작했다. 나는 말을 이었다.

"이젠 삶의 판을 바꾸려고 하지 말고 삶의 틀을 만들어야 하네. 잘 아는 것처럼 평생직장이란 관점을 갖고 있다면 그건 버려야 해. 자네도 잘 알고 있는 이야기일 수도 있지만 이건 현실이네."

"그렇다면 어떻게 해야 할지요?"

"이런 생각을 함 보았으면 하네. 내가 홍보 업무를 할 때 홍보물이나 사보 등을 만들려면 원고를 식자기라는 것으로 찍어서 그것을 갖고 제판을 하고 인쇄를 했지. 내가 아는 경영자가 있었네. 당시 그 분야에서 알아주는 분이었네. 이 경영자가 사업이 잘 되어서 일감이 늘자 고가의 최신 식자기를 구입해서 일을 했네. 그런데 전혀 생각지 못한 일이 벌어졌네. 바로 워드프로세스라는 게 세상에 나온 거지. 그 경영자는 틀이 바뀐 마당에 그 사업을 접을 수밖에 없었네 .아메리카 대륙을 발견한 콜럼버스는 이런 말을 했네. "낡은 지도만 따라가면 신대륙을 볼 수 없다" 내가 말하는 〈판〉이 아니라 〈틀〉을 만들자는 것이 이런 걸세."

다소 몰아붙이듯이 말한 내 이야기에 P이사는 말이 없었다. 그 표정에서 요즘 뜨는 화두 '뭣이 중요한디요!'를 읽어낼 수 있었다.

"우선 생각의 틀이네. 대기업에서 중역 반열에 오른 이들은 '직장운' 이 좋은 사람이네. 그러니까 지금까지 먹고 살았다는 건 큰 축복이네. 당장 기분이 나쁠 수도 있지만 회사에 감사해야 하네. 인생 전반전을 살 수 있게 해준 일터에게 감사해야 해. 그리고 이제 평생직장이란 건 없어. 자네가 일자리를 뺏긴 게 아니라 일자리를 후배에게 양도한 거야."

이런 이야기를 듣고 있던 P이사 얼굴이 그다지 밝지 않았다. 나는 이야기를 이어갔다.

"그리고 후반전을 위한 틀이네. 우선 사업을 할 생각은 안했으면 하네. 그러니까 창업보다는 창직을 했으면 하네."

"창직創職이라면?"

"다들 그럴싸하게 창업을 하려고들 하는데 난 쌍수를 들고 반대하네. 창직은 시작이 미미하지만 장점이 있네. 망하지 않는다는 거지. 자본도 들지 않아. 반면에 창업은 겉으론 좋아 보이지만 망할 수 있다는 거지. 즉 퇴직금, 아파트 담보, 또는 처갓집 차용금 등 자본이 들어간다는 거지. 그런데 중요한 것은 이점이네. 자네는 그간 창업 준비나 연습을 해보지 않았어. 말하자면 온실에서 막 나온 순수한 '회사형 인간'이라는 거지. 물론 100퍼센트 망하는 거지. 그러니까 자본이 들지 않는 곳으로 눈을 돌렸으면 하네. 우리네 세상에 회사형 인간이 연착륙을 할 분야가 많지 않기 때문이네."

"그렇다면 어떻게 해야 할지요?"

"이젠 인생 굴기屈起를 해야 하네!"

"굴기요?"

나는 P이사에게 에피소드를 하나 소개했다. 한 인사 전문가가 30여 년간 공직생활을 하다가 퇴직한 회사형 인간과 나눈 대화다.

(〈동아일보〉 발췌)

"퇴직 후엔 뭐하고 싶으세요?"

"이제 생각해봐야죠."

"공직에 있는 동안 가장 오래 한 일은 뭡니까?"

"7년 동안 한 일이 있습니다."

"그 일로 재취업 할 수 있을까요?"

"아뇨."

"그럼 잘하는 일이 뭡니까?"

"시키는 것 잘 합니다."

P이사는 자기 얘기로 들린다며 수긍했다. P이사만 그러겠는가. 회사라는 조직을 다니는 우리네 어른들의 자화상이 아닐까 한다.

나는 P이사에게 외화 전문가 이미도 씨의 글을 소개했다.

허언일 것입니다. 준비가 설익은 정치인이 존경하는 인물이라며 대놓고 링컨을 꼽는다면 말이지요. 링컨이 이렇게 말했거든요. "내게 여섯 시간을 주면 나무 한 그루를 베어 넘기겠다. 그중 첫 네 시간은 도끼날을 갈겠다." 메시지를 요약하자면 'Failing to prepare is preparing to fail(준비에 실패하는 것은 실패를 준비하는 것)'이 되겠지요. 링컨의 '도끼 은유'는 '일을 이루고자 한다면 꼭 필요한 것부터 철저히 준비하라'는 뜻입니다. (중략)

〈인크레더블〉은 초능력 가족의 활약상을 그린 작품입니다. 그들 덕분에 세상은 더 평화로워지는데요. 어떤 시민들은 영웅의 개입이 자기네 자유를 침해하기도 한다며 정부를 상대로 소송을 벌입니다. 급기야 정부는 초능력 가족의 권한을 제한합니다.

그 조치에 따라 15년간 초능력 연마를 포기한 그들 앞에 더 강한 악당이 나타납니다.

다시 부름을 받은 주인공들은 특수 의상과 장비를 만드는 요원에게 찾아가 다급하게 도움을 청합니다. 그러자 불호령이 떨어집니다. 'Luck favors the prepared(행운은 준비된 이를 더 좋아해).' luck을 chance(기회)로 바꿔 써도 무방하겠습니다. 준비가 설익은 자는 누구든지 때와 기회를 놓치게 된다는 엄중한 경고이지요.

(〈조선일보〉 발췌)

이런 이야기를 들려준 것은 '철저한 준비가 답이다' 라는 말을 전하고 싶었기 때문이다. 온실의 법칙과 정글의 법칙은 비교할 수 없다. 정글을 다스리는 법칙은 '승자독식' 이다. 즉 'The Winner takes all' 이라는 말이다.

인생 굴기, 즉 벌떡 몸을 일으켜 뭔가를 성취하려면 세상의 법칙을 알고 철저히 준비해야 하는 것이다.

보통, 직장인은 다음과 같이 4가지 유형으로 나뉜다. 나는 놈飛, 뛰는 놈走, 숨는 놈閒, 기는 놈腹이다. '놈' 이란 하나의 표현 방식이지 직장인을 비하하는 것은 아니다. 이들의 특성을 소개하면 이렇다.

첫째, 나는 놈(CEO 형)이다.

이들은 정상을 향해 '올라가는 놈' 이다. '목' 을 잘 찾는 사람이다. '놈' 을 고쳐 '목' 을 찾는다. (놈 → 목)

둘째, 뛰는 놈(EXPERT 형)이다.

이들은 조직에서 묵묵히 일하다가 나름 뭔가를 배워서 자기 살 길

을 찾아 '나가는 놈'이다. '놈'을 바꿔서 '묵'을 만든다. (놈 → 묵)

셋째, 숨는 놈(YES 형)이다.

특별히 내세울 게 없지만 상사나 조직과의 원만한 관계로 자신의 자리를 비굴하지만 '지키는 놈'이다. 이것도 생존력이다. '놈'을 '눔'으로 바꿔 가늘게 길게 버틴다. (놈 → 눔)

넷째, 기는 놈(OUT 형)이다.

실력도 관계도 제대로 하는 게 없는 놈으로 '쫓겨 나가는 놈'이다. '놈'을 그냥 '놈'으로 생각하고 주어진 대로 그냥 사는 이들이다. (놈 → 놈)

내가 이런 이야기를 하는 건 이유가 있다.

모 TV 방송에 출연해서 '언제 퇴직을 해야 하는가?'라는 주제로 방송을 할 때였다. 방청석에 퇴직자 한 분이 나와 있었다. 그분은 모 은행 지점장으로 일하다가 현재 빌딩 관리사로 일하는 분이었다. 그분 연봉이 1억3천만 원에서 월급 130만원으로 줄었다고 한다.

그런데 그분에겐 문제가 있었다. 말하자면, 있을 때 준비를 제대로 안 한 것이다. 자신만의 경력관리체계Career Pass System를 갖고 있지 않은 것이다. 이건 초행길을 내비게이션 없이 가는 꼴이다.

대개 대기업 출신들이 겪는 '갈라파고스 현상'이다. 자신이 하는 일을 갖고 후반전에 굴기를 해야 하는데 그냥 현실과 타협을 한 셈이라고 본다. 물론 그분이 잘못됐다는 건 아니다. 다만 준비를 철저히 하면 그런 형국은 면할 것이라는 것이다.

2) 당신의 자화상은?

●
●
●

필자는 기업체에서 강의 중에 청중에게 가끔 이런 질문을 한다.

"혹시 조부모님 중 한 분이라도 살아계시는 분?"

이 질문에 손을 드는 이들에게 나는 이렇게 추임새를 넣는다.

"음……. 그 집안은 재앙이네요."

왜 이런 질문을 했을까? '장수 리스크' 라는 말이 있다. 예전엔 장수를 하면 참 좋은 일이었다. 그러나 이제는 장수 자체가 축복이 되지는 않는다. 경제적인 관점에서 걸리는 면이 한두 가지가 아니기 때문이다.

혹자는 이제 '호모 헌드레드Homo Hundred' 시대 즉 '100년 인생' 시대가 열린다고 말한다. 한 평생 100년을 살아야 하는 세상이라는 것이다. 평균 연령이 80세 가량 된다고 하면, 호모 헌드레드가 먼 미래의 말이 아니라는 걸 금세 알 수 있다. 그렇다면 수명이 늘어난 만큼 우리의 정년도 늘어났을까?

40대 정년을 이야기하던 '사오정' , 50대 이상에도 현직에 있으면 도둑이라는 '오륙도' 라는 말을 넘어 30대 초반에 명퇴라는 '삼초땡' 이라는 단어가 판치는 세상인데, 우리의 정년이 늘어난다니 어림도 없다.

전문가들의 설명을 빌자면, '고용 없는 성장' 시대가 도래한 것이다. 가령 당신이 인근에 있는 모 은행의 한 지점을 방문해보라. 당신이 거래하는 곳도 좋다. 그 지점에서 일하는 은행원은 대략 15명 안팎일 것이다. 그런데 한 10년 전에는 약 30~40명이나 되었다. 재미있는 건 그 지점이 10년 전에 비해 약 4배 정도 성장했다는 사실이다. 이 이야기는 경제는 성장하는데 일자리는 줄어든다는 '고용 없는 성장' 을 잘 보여주고 있다.

우리 경제가 어느새 고용 없는 저성장 시대로 접어들었다고 한다. 이런 연유로 대다수 직장인이 40대 정년, 잘하면 50대 정년을 맞게 된다. 그 후로도 40년 가까운 세월을 살아야 하는데 이젠 장수가 마냥 축복만은 아니다. 그 동안에 벌어놓은 돈으로 40년 가까이 살아야 한다. 물론 엄청난 연봉을 받은 사람, 물려받은 재산이 많은 사람, 배우자 직업이 교사 · 공무원 · 군인인 사람 등 돈 걱정 없는 사람은 예외다.

과연 당신 주변에 이런 조건을 갖춘 이들이 얼마나 될까? 주택 대출금 갚고 아이들 사교육 시키고 어쩌고 하면 은퇴 후 수중에 남은 현금이 거의 없을 것이다. 바로 대다수 직장인의 비애다.

다음은 은퇴 전문가 강창희 소장의 말이다.

"남자가 주 직장에서 45세까지 근무할 확률이 1950년 이전 출생자만 해도 70~80퍼센트 수준이었던 것이 1960년 이후 출생자는 20퍼센트대로 낮아졌다. 평균 5~6회는 전직해야 60세까지 직장생활을 할 수 있다."

결국 당신은 또 다른 '미래 명함'을 준비하고 살아갈 궁리를 해야 한다.

그렇다면 직장인인 당신은 어떤 미래 명함을 내놓을 것인가? 직장인 대부분은 나이 50대에 현역에서 물러난다. 경제수명을 다 하는 셈이다. 이후 이들은 대략 3단계에 걸친 미래 명함을 갖게 되고 이에 맞춰 늙어간다. 대오각성大悟覺醒하지 않는 한 당신 역시 이 틀에서 벗어나기 힘들 것이다.

1단계: 사외이사

이 명함을 갖게 되었다는 건 퇴직을 하면 오라는 곳이 있는, 나름 행복한 일꾼이란 뜻이다. 한 남자가 대기업에서 부장이란 직책을 끝으로 나오면 관계사나 협력업체에서 중역이란 타이틀을 갖고 '얼굴 마담(?)'으로 3~4년 일을 하게 된다. 그래서 관계사와 대기업의 가교 역할(?)이란 것을 하게 된다. 경제수명이 연장이 되는 터라 당장 살아가는 데 별 무리가 없어진다.

그렇다고 해서 누구나 다 이 길을 가는 것은 아니다. 나름대로 실력도 있어야 하고 조직 내 인간관계도 원만해야만 하는 선결 조건이 있다. 물론 이들도 '약발(?)' 이 다하면 다시 그 조직에서 퇴출당한다. 그러니까 기사 딸린 차도 없어지고, 날마다 출퇴근할 곳도 없어진다. '△△회사 이사' 로 규정되던 사회적 정체성도 사라지고, 이름 석 자만 덩그러니 남게 된다. 20여 년 정도 쌓아온 경제능력이 실질적으로 소진되는 셈이다.

2단계: 사장

이렇게 해서 실질적인 퇴출을 맛보게 되는 이들은 자신의 속내를 드러내기 시작한다. 직장생활을 오래한 이들은 누구나 가슴에 소중히 간직하고 있는 '인생 플랜' 이 하나쯤 있다. 이 플랜은 이들에게 아주 소중한 꿈이다. 그 소중한 꿈이란 남의 밑에서 일하는 것에 종지부를 선언하는 것이다. 즉 자기 사업을 하는 것이다. 자신도 보란 듯이 사장이란 타이틀을 명함에 담고 싶은 마음이다.

"남의 돈 먹기가 제일 힘들었어요."
모든 직장인이 이 말에 공감을 할 것이다. 이들은 더 이상 조직생활을 안 하고 자신만의 '숙원 사업' 을 하려고 한다. 희한한 건, 이들이 평생 꿈꾸는 숙원 사업이란 것이 대부분 다음 네 가지로 압축된다는 사실이다.

1) ㅇㅇ치킨 2) ㅇㅇ바게트 3) ㅇㅇ빈스 4) ㅇㅇ카페

여기서 업종을 언급하는 것은 비방하거나 행여 이 일이 나쁘다는 것을 나타내기 위함이 아니라는 것을 밝혀둔다. 다만 이런 업종의 일을 많이 한다는 것을 나타내기 위함이다.

혹시 당신은 "아니, 하늘색 꿈이 고작 빵집이야?" 하면서 혀를 찰지도 모르겠다. 왜 이들은 숙원사업으로 이런 길을 선택하는 것일까? 이 세상이 원하는 탁월한 기술(업)이 없기 때문이다. 즉 세상에 약발이 받는, 아니 돈이 될 만한 기술이 없기 때문이다. 나는 이런 것을 '수행 능력'이라고 한다. 이 글을 읽는 당신도 매한가지일 것이다. 이쯤에서 당신에게 한번 물어보겠다.

> 당신은 자가용 엔진 오일을 갈 수 있는가?
> 당신은 수도 계량기가 동파되면 수리할 수 있는가?
> 당신은 화장실 변기가 고장이 나면 교체할 수 있는가?
> 당신은 아파트를 경매로 구입할 수 있는가?
> 당신은 집을 산 뒤 등기를 직접 할 수 있는가?
> 당신은 물건을 팔 수 있는가?

내가 이런 질문을 하는 이유는 단순히 기술이 있느냐 없느냐를 알아보려는 게 아니다. 대기업 같은 큰 조직에 있던 사람들은 일의 전체보다는 부분만 배우게 된다. 이런 탓에 맡은 분야 외에는 특별한 관심을 두기가 쉽지 않다. 그러다 보니 미국인이 '길거리 지식Street Knowledge'이라고 부르는 총체적 통찰력을 기를 수가 없다. 그동안 누군가가 대신해줬던 자잘한 일부터 전체적인 그림 그리기까지 모두를 아우르는 길거리 지식이 얇거나 없는 탓에, 결국 남들과 다른 길을 가기보다 같은 길을 가는 걸 선택하는 것이다.

그렇다고 지금까지 해온 일로 살아갈 방법도 모르겠고, 자신도 없다. 이렇듯 전문성도 약하고 자본력도 약할 때 선택할 수 있는 건, 사업의 안전성밖엔 없다. 그러나 보기엔 평탄해 보이는 이 네 가지 길 조차도 생각보다 만만치 않다. 대개 4~5년 정도 되면 실패의 쓴 맛을 보게 된다. 이 바닥에 신고하는 수업료인 셈이다.

그렇다면 왜 이런 현상이 일어날까? 직장인들이 '온실의 법칙' 과 '정글의 법칙' 차이를 모르기 때문이다. 온실의 법칙이 적용되는 회사에서는 자신이 무엇인가 나태해지면 지적해주는 동료도 있고, 하루 이틀 아파서 결근을 해도 월급은 여전히 나온다. 회사가 하라는 대로 하면 당신의 생존은 챙길 수 있다.

그러나 정글의 법칙이 적용되는 자기 사업에는 1등만이 살아남는 냉혹한 룰이 적용된다. 이 정글에선 적자생존이다. 아무도 도와주지 않는다. 당신 가게 문을 열든 안 열든 상관하지도 간섭하지도 않는다. 더욱이 당신이 아파서 가게 문을 열지 않으면 열지 않은 만큼 매출은 줄고 이것이 반복이 되면 퇴출된다.

퇴출이란 망한다는 것이고 이건 소중한 자산(퇴직금+아파트 융자금 등)이 날아간다는 것을 말한다. 철저한 자기 관리가 없으면 안 된다는 것이다. 이들에겐 점심시간도, 커피 마실 시간도, 화장실을 여유 있게 갈 시간도 없다. 이런 살벌한 룰은 경험하지 않고서는 알 수 없다. 이런 것을 '자영업의 비애' 라고 한다.

창업전문가 이상헌 소장이 강조하는 외식 경영 '3-5-2-12-8' 법칙
이란 게 있다.

"창업을 하려면 먼저 아이템을 선정하고, 좋은 상권을 찾는 것이
중요하다. 또 영업에 필요한 지식이나 기술, 노하우 등을 갖추는 일
도 필요하다. 그러나 일단 창업을 한 뒤에는 무엇보다 매장을 운영
하는 전략이 절실하다. 매장 운영의 효율화를 위해서는 '3-5-2-12-
8'의 법칙을 지켜야 한다. 이는 30일 영업을 기준으로 전체 매출액
이 3일(월세), 5일(인건비), 2일(경비), 12일(원·부재료 구입비), 8
일(순수익)로 배분될 수 있음을 의미한다.

쉽게 풀이하면 3일 간의 매출 합계로 월세를 내고, 5일 간의 매출
로 직원 급여를 충당해야 한다는 것이다. 또 2일 매출로 수도·가
스·전기요금 등 공과금을 내야 하며, 12일 매출액으로 영업을 위한
원·부재료 구입 금액을 충당해야 한다. 이를 충실히 이행했을 때 8
일간의 매출액이 이익금으로 남는다. 그러나 대다수의 자영업자는
이 같은 외식업 경영 원칙이 있다는 것을 잘 모른다. 알고 있어도 실
행에 옮기는 사람은 거의 없다."

이들은 1차 실패를 겪고 나서, 심기일전하여 2차를 준비한다. @@
치킨, ㅇㅇ베이커리……. 물론 이름만 바뀌었지 업종 자체는 변하지
않는다. 달라진 것은 실패를 통해 얻은 약간의 경험과 마음가짐. '실
패는 병가지상사' 라는 콘셉트도 좋고 의지도 좋지만 아쉽게도 또

다시 대부분이 실패의 길을 걷게 된다.

그런데 2차 숙원 사업의 실패란 이들의 인생에서 아주 큰 변수가 된다. 냉철하게 말하면 자신이 평생 모은 '보장자산'의 하나라고 할 수 있는 퇴직금, 더 나아가 자기 집마저 날리게 된 것이다. 너무 무리한 생각 아니냐는 의심이 들면 신문을 한번 들춰보라. 한 달에 한 번 정도 신문에 2~3페이지에 걸쳐 나오는 법원 경매 물건 리스트를 보면, 충분히 이해가 될 것이다.

정글의 법칙이 적용되는 냉혹한 세상에서 두 번씩이나 녹다운 당하면 그 어느 누구도 정신을 차리기가 어렵고 나아가 회생하기가 어려운 게 사실이다.

3단계: 경비 혹은 수위

이렇게 정글에서 처절하게 실패를 맛본 이들의 여생은 어떻게 전개될까? 정글의 법칙을 모르고 들이댄 사업이 뜻대로 되지 않아 이들이 갈 수 있는 길은 한곳으로 압축된다. 바로 당신이 살고 있는 아파트의 경비원이 되는 일이다. 이들의 월급은 대략 100만 원이다. 400퍼센트 보너스가 있으니까 연봉 1,400~1,800만 원에 달한다. 물론 이들의 직업을 비하하거나 우습게 보는 것은 아니다. 다만 당신이 생각지 못한 상황에 맞닥뜨릴 수 있다는 것이다. 요즘엔 이 일자리마저 구하기가 어렵다고 한다.

아마 당신은 "설마 내가……." 하겠지만 당신이 사는 아파트의 경비 아저씨에게 가서 커피 한 잔 하면서 물어보라. "아저씨, 전에 무슨 일을 하셨습니까?"

그러면 그들은 어김없이 당신과 같은 길을 밟았다고 말할 것이다. 즉, 중견회사 → 숙원사업 1차 → 숙원사업 2차 → 경비원이라는 로드맵 말이다.

그런데 약간 재미있는 현상이 있다. 당신 곁에 있는 아파트 경비원들을 한번 유심히 지켜보라. 이들은 대개 두 부류로 나뉜다.

첫째, 보통 경비원이다.

당신과 같은 경력을 갖고 당신처럼 사외이사와 숙원사업의 인생 잔혹사를 차근차근 밟은 이들이다. 이들의 얼굴을 보면 혈색이 안 좋다. 실패라는 굴레가 이들의 어깨를 축 처지게 만들고 누르기 때문이다.

둘째, 별난 경비원이다.

이들은 경비원이라고 해도 당당하게 일을 한다. 왜 그럴까? 보람찬 일이라서 그럴까? 아니다. 이들은 당신처럼 1차 숙원 사업, 2차 숙원사업의 로드맵을 안 밟은 이들이다. 이들에겐 퇴직금도 평생 일해 장만한 아파트 즉 보장자산도 원형 그대로 존재하기 때문이다. 그러니까 하는 일이 다소 그렇다 치더라도 당당한 후반전 인생을 보내기 때문이다. 그래서 굽실거리지 않고 다소 거만한(?) 모습마저도 보인다.

보통 경비원이건 별난 경비원이건 그 무엇이 되었건 간에, 당신이 전혀 의도치 않은 방식으로 삶의 궤적이 흘러갈 수 있다.

당신은 이 인생의 3단계 잔혹사를 그대로 밟고 싶은가?

이 잔혹사에서 벗어나고 싶으면 어떻게 해야 할까?

방법은 하나다. 현업에 있을 때 잘해야 한다. 현업에 있을 때, 자신이 하는 일로 평생을 살아갈 발판을 마련해야 한다. 일터를 내 인생 후반전을 준비하는 '생존학교'로 생각해야 한다.

3) 누구나 인생의 변곡점을 맞이한다

누구나 살면서 언젠가는 삶의 변곡점을 맞이한다. 보통 직장인이라면 28세 직장에 들어와 50세 정도가 되면 회사를 나간다. 즉 경제활동을 시작한 뒤 20년쯤 지나면 터닝 포인트에 도달하는데 이때 대략 3가지 길로 갈라진다. 그 길을 소개한다. 미리 한번 살펴보자.

첫째, CEO의 길이다

이 길은 중역이 되는 길이다. 만약 당신이 지금 다니는 회사에 20년 전 동기생 100명과 함께 입사를 했다고 치자. 동기생 100명 중 약 3퍼센트 정도가 이 길 즉 '중역의 길'로 접어들고 나머지 97명은 도중에 퇴사를 했거나 50세 전후에 정년퇴직을 하게 된다.

그런데 '중역의 길'을 가는 이들은 상무이사 → 전무이사 → 부사장 → 사장 즉 CEO로 부단히 진화를 하려고 노력을 한다. 물론 다 정상으로 가는 것은 아니다. 이중에서도 약 0.1퍼센트 정도가 CEO라는 정상에 오르게 된다. 이들은 자신이 하는 일을 '천직Calling'으로 생각하고 온 힘을 다한다. 이들이 자신이 하는 일로 "과연 나는 이 일로 성공할 수 있을까?"라는 쓸데없는 생각은 안 한다. 자신의 일이 축복이라는 관점에서 들이댄다.

우리는 이런 이들은 일에 미친 사람들(?)이라고 부른다. 365일 24시간 내내 자신이 하는 일과 조직이 우선인 사람이다. 이러다보니 이들에게 휴가 같은 게 있을 리가 없다. 당신 곁에 있는 이들 특히 CEO를 존경하고 이들을 롤모델로 삼아라. 이들은 존경받아야 할 사람이다.

둘째, EXPERT의 길이다

명실 공히 전문가의 길이다. 즉 자신이 하는 일을 확대 재생산해서 파생직업을 만들거나 한 분야의 전문가가 되는 로드맵이다. 이런 점에서 본다면 나도 이 길을 밟은 사람이다.

이들은 재직 시절에 뭔가 좀 다른(?) 구석이 있는 이들이다. 자신이 하는 일로 무엇을 하기 위해서 다소 미쳐 있고, 나아가 자신을 상품으로 만들어 팔려는 꼼수가 있는 이들이다. 이들의 생각은 조직보다는 "나 = ○ ○ ○"라는 생존 퍼즐을 풀어 간다. 즉 나를 브랜드로 생각하는 경향이 많다.

이들은 주변에서 '김 박사, 김 프로, 김 대장' 하는 식으로 업무 관련 닉네임을 갖고 있다. 말하자면 '재무하면 김 아무개' 하는 식인데 직무 능력도 탁월하다. 다만 조직에 충실하려는 맘이 다소 적은 이들이다. 이러다 보니 조직 내 아군들이 많지 않다. 이들은 대개 과장

때부터 전문지식으로 무장을 하는 사람들이다. 일종의 조직 내에서 투 잡스Two Jobs를 위한 준비 체조를 하는 이들이다.

그러다보니 이들 역시 정신없이 바쁘다. 일도 잘해야 하고 자신이 꿈꾸는 것도 준비를 해야 하기 때문에 업무를 마치고 1차 2차 3차 풀 코스를 밟아 술독에 빠질 여력은 없다. 이런 사람을 두고 주변에선 이기利器주의자라고 부르기도 한다. 과연 이기주의일까? 당신도 나이가 들면 알 수 있는 일이다.

물론 이들도 CEO의 길을 가기 원하지만 자신 성격이라든가 주변 자산이 변변치 못한 터라 한 곳에 몰입을 한다. 바로 업무적 내공을 쌓는 일이다. 일 하나는 金(김) 박사 하는 식으로 똑! 소리 나게 해낸다. 다만 관심이 조직보다 나에게 있다는 게 안타까운 현실이다. 이들은 50세 정도가 되어 CEO의 길을 못 가게 되면 자발적으로 퇴직을 하면서 자신의 브랜드로 생존을 유지하는 이들이다. 대략 동기생 중 10퍼센트가 여기에 해당한다.

셋째, OUT BOUND 길이다

조직에서 밖으로 내쳐지는 이들, 즉 퇴출되는 사람들이다. 이들은 타의로 회사를 나오기 때문에 단절된 삶을 살아간다. 자신이 피해자라는 생각에 도저히 용납이 안 된다. 더러는 왜 내가 나가야 하느냐고 저항의 몸짓을 해보지만 부질없는 짓이라는 것을 이내 느끼고 생존을 위한 모색을 한다.

그러나 이들은 "집에서 새는 바가지 나가서도 샌다"라는 것을 인지하지 못한 채 자신만의 숙원 사업을 하려고 하고, 우리가 앞에서 본 바와 같이 잔혹한 단계를 밟아나간다.

이처럼, 좋든 싫든 50세가 되면 인생의 변곡점이라 할 수 있는 퇴직이란 '새로운 업'을 만나게 된다. 즉 당신이 퇴직을 할 때쯤이면 1) CEO 되기 2) EXPERT 되기 3) OUT 되기 이 세 가지 길 중 한 길을 선택해야 한다. 이것은 옵션이 아니다. 가야만 하는 것이다. 더욱이 100년 시대를 살아가는 요즘은 더더욱 그렇다. 일을 하지 않고서는 살 수가 없기 때문이다.

4) 포스트 베이비부머에게 드리는 조언

•
•
•

다음은 조선일보 변희원 기자의 〈응원합니다, '아저씨'로 진화한 그대여!〉라는 글의 일부다. 우리시대 가장의 위상과 현주소를 잘 보여준다.

'남자가 결혼하고, 가족을 갖고, 남편으로, 그리고 아빠로 진화하다. 이윽고 가정 내 실권을 아내에게 넘길 때, 또 다른 진화가 시작되는 것이다. 우선 귀의 모양이 변하고, 온몸이 서서히 털로 뒤덮이며, 코가 자라, 결혼 이후 약 2년이 지나면, 완전한 시바견으로서의 변모를 완성한다.'

일본 작가 네코 마키가 그린 '시바 아저씨'는 기혼의 중년 남성을 '시바견' 일본이 원산지인 충직하고 온순한 성향의 견종에 빗댄다. 비하나 희화가 아니다. 가정과 직장에 충실한 그들의 모습이 충직하고 의리 있는 시바견을 떠올리게 한다는 것이다. 가부장적 권위주의에 기대 여성이나 약자에게 갑질하는 40~50대 중년 남성을 비꼬는 신조어가 유행하는 가운데, 이 책은 국내 출간 한 달 만에 3쇄를 찍을 만큼 인

기몰이 중이다. 아저씨의 재발견이다.

　최근 '아재', '아재파탈' 이라는 단어들이 유행할 정도로 중년 남성에 관한 관심이 증가했다. 50대와 40대는 각각 1차 베이비부머1955~1963년생와 2차 베이비부머1968~1974년생다. 통계청에서 최근 발표한 '2015년 가계금융·복지조사 결과' 에 따르면 이들이 가구주로 있는 가구의 평균 소득 역시 전 연령대 통틀어 가장 높았다. 그러나 사회 주류로 자리 잡은 이들을 보는 시선은 곱지 않다.

〈그림 A〉

〈그림 B〉

A : '시바 아저씨' 에서는 가정과 회사에 충실한 중년 남성을 충견 '시바' 에 비유한다.
　　/SHIBA OCCHAN© 2014 by Nekomaki.
B : 게으르고 무심해 보이는 수컷 사자는 보이지 않는 곳에서 가족을 지키기 위해
　　애를 쓴다. 아저씨도 마찬가지다. 가족 위해 이 악물고 노력하지만, 자신의 내면을
　　드러내는 데는 서툴다. /김성규 기자

　한·일 양국에서 '시바 아저씨' 가 인기를 끈 것은 이들을 가정에서 사랑받지 못하고, 회사에서도 이리저리 치이는 안쓰러운 존재로

바라보고 있기 때문이다. 책의 주인공인 시바야마 타로(43)는 아내와 두 딸, 어머니와 함께 사는 과장급 샐러리맨이다. 아이돌 여가수를 가리켜 "귀엽다"고 했다가 딸들에게 "징그럽다"고 타박을 받고, 스마트폰만 만지작거리는 신입사원과는 도저히 의사소통을 할 수 없다. (〈조선일보〉 발췌)

당신도 '아재'가 되고 '할빠'가 되어 간다. 앞선 선배들이 당신과는 무관하다고 생각하지만 당신도 미래의 베이비부머, 즉 포스트 베이비부머의 길을 가고 있다. 당신도 모르게 말이다. 지금까지 소개한 것은 표면적으로 나타난 CEO라는 알고리즘의 특징들이다. 그러면 이것을 좀 더 구체적으로 따지고 들어가보자. 앞의 글이 베이비부머에 대한 글이라면 이젠 포스트 베이비부머에 대한 조언이다.

인생의 변곡점에서 고려해야 할 문제를 살펴보자.

인생의 지진地震이 닥쳤을 때 택할 수 있는 세 갈래 길을 자세하게 분석해보겠다. 물론 내 인생관이나 관점이 많이 담겨 있다. 이점 이해하기 바란다.

첫째, 보이는 가치(수입의 차이)다

다음 〈그림 1〉에서 보라. 점 A는 갈림길이다. 직장인이 50세가 되면 선택해야 할 이정표, 즉 변곡점이다. 이 이정표에 따라 인생 후반전이 아주 다르게 연출된다. 이 길은 앞서 자세하게 말한 것처럼 CEO 되기, EXPERT 되기, OUT 되기로 나뉜다. 그런데 각 선택지 뒤에 엄청난 차이가 있다는 것을 명심해야 한다. 나는 이것을 '보이지 않는 영역Invisible area' 이라고 부른다.

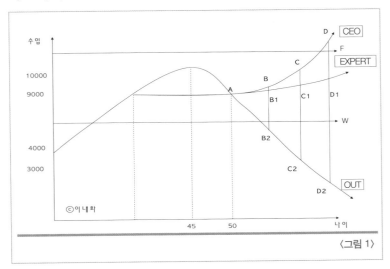

〈그림 1〉

이제 〈그림 1〉을 자세히 살펴보자. 가령 당신이 대기업에 다니는 부장이라고 하자. 나이는 50세로 중역을 바라보고 있다. 그런데 당신의 동료인 K부장과 P부장도 당신처럼 내심 중역의 자리를 노리면서 A점에 동시에 서 있다고 하자. A점에서는 모두 동일점에 있기 때문에 수입(연봉)이 같다. 여기까진 큰 차이가 없다. 대개 한 회사에 입사하면 대과가 없는 한 이 점까지는 온다.

그러나 누구나 50이 되면 인생 지진을 맞이하면서 A점에서 이탈해야 한다. 당신, K부장, P부장 모두 변화를 맞는다. 즉 CEO 되기, EXPERT 되기, OUT 되기 중에서 한 가지를 택해야 한다. 이들의 이탈기를 한번 자세히 보자.

가령 K부장은 CEO, 당신은 Expert, P부장은 OUT 되기의 길을 간다고 치자. 사정이 어떻든 결국 이들 세 명은 'CEO' 라는 세 길을 가게 되었다. 세 명은 A점을 이탈해서 각각 B, B1, B2에 이르렀다고 하자. 이런 양상이 펼쳐지면 이야기는 아주 달라진다. 보이지 않는 영역의 힘이 가동되면서 수입 면에서 큰 차이가 나기 때문이다.

B점으로 이동한 K부장은 이제 부장이 아니고 직장인의 꽃인 상무가 되었다. 부장 시절에 가진 수많은 실질적 소득이 그대로 유지되면서 부가가치가 늘어난다. 비서, 자가용, 법인카드, 수십 명에 달하는 직원, 부부 동반 건강 검진권, 골프 회원권, 1억이 넘는 연봉, 좀 더 넓어진 근무 자리 등 당신이 생각해볼 수 없는 부가가치를 획득하고 부인은 '사모님' 소리를 듣게 된다. 이른바 가문이 출세를 한 셈이다.

'OUT 되기' 의 길을 간 P부장을 보자. 우선 〈그림 1〉에서 보아도 수입에서 차이가 나기 시작한다. 물론 P부장도 숙원사업을 하기 때문에 일정한 수입이 있을 수 있으나 문제는 이것이 일정하지 않은 게 문제다. 보이지 않는 영역의 파급 효과는 여기서 끝나는 게 아니다.

자! K상무가 C로 이동해서 전무가 되었다고 치자. 이젠 차이가 확연이 드러난다. 수입 면에서 큰 격차가 나기 시작한다. 그러나 결국 산술적으로 보아 'K전무의 수입 - P부장의 수입' 은 얼마일까? 부가적인 부분은 제쳐놓더라도 2억 원 정도 차이가 날 것이다.

둘째, 보이지 않는 '내면의 가치다

보이는 차이는 명목상의 차이뿐이다. 그 속을 들여다보면 더 충격적이다. 다음은 내가 직장생활을 할 때 겪은 일을 바탕으로 꾸민 가상의 상황이다.

가령 어느 날 K전무 어머니와 P부장 어머니가 동시에 돌아가셨다고 하자. 이 둘이 몸담고 있고, 몸담았던 그 직장에서 문상 가는 이들은 어느 쪽에 더 가고, 부의금은 어느 쪽에 더 낼까?

하나 더 가정을 해보자. K전무와 P부장이 같은 날에 아들과 딸을 장가 또는 시집보낸다고 치자. 어느 쪽에 사람이 더 몰릴지는 물어보나 마나. 이것이 보이지 않는 삶의 이치다. 너무 가혹한 가상일까? 아니다. 능히 있는 일이다.

사람은 양지 바른 곳, 더러는 돈이 있는 곳으로 몰린다. 이뿐만이 아니다. 남자의 일생 중엔 두 번에 걸친 큰 지진이 일어나는 데 나는 이것을 인진, 즉 인생 지진Life Quake이라고 부른다. 이 인진人震의 첫 번째 파동은 자식들이 대학에 들어갈 때 일어나고 또 하나는 자식들이 출가할 때 일어난다.

대개 직장생활을 하면서 내내 하늘색 꿈을 꾸거나 숙원사업을 자꾸 가슴에 담은 이들은 '직장의 내면 가치'를 잘 모른다. 이들은 가장 놓치기 쉬운 함정은 자녀 학자금에 대한 생각이다. 나도 이런 것을 놓친 사람 중 하나다. 아이 한 명당 필요한 학자금은 4,000만 원 정도다. 아이가 둘이면 8,000만 원이다. 당신이 대기업에 다닌다면 대개 자녀학자금이 나온다. 그러니까 K전무는 재직 동안 8,000만 원을 덤으로 받고 회사에서 나간 P부장은 8,000만 원을 더 벌어야 한다. 말이 8,000만 원이지 자영업으로 그만큼 벌려면 한 달에 얼마나 저축을 해야 하는지 계산해보라. 8년 내내 한 달에 100만 원씩 저축해야 한다. 이건 너무 힘든 작업이다.

아마 당신은 "과연 직장인 인생에는 CEO의 길 밖에 없을까?" 하는 고민을 할 수도 있을 것이다. 물론 이 길 외에 변수도 있다. 바로 〈그림 1〉에서 보는 것처럼 'W선' 과 'F선' 이다.

첫째, W선은 배우자 wife를 말한다.

당신의 배우자가 교사, 공무원, 군인처럼 연금을 받은 직업을 갖고 있으면 이야기는 달라진다. 배우자가 이런 직업을 갖고 있다면 당신은 '종신보험' 에 가입한 셈이다.

이렇게 부인이 종신보험형 직업을 갖고 있으면 이건 인생의 지진이 아니라 축복이 아닐 수 없다. 이들은 나라에서 죽을 때까지 생존을 위한 연금을 주기 때문이다. 당신이 오늘부터 해야 할 일은 당신 부인의 수명을 늘리는 작업이다. 이게 어렵더라도 걱정 마라. 설사 부인이 운명을 다해도 그 연금의 70퍼센트를 당신이 관 속에 들어갈 때까지 받는다. 이래서 종신보험이다.

둘째, F선은 아버지Father를 말한다.

당신 아버지가 시골에 적지 않은 전답을 갖고 농사를 짓고 있으면 된다. 즉 당신이 지주의 아들이면 인생의 상황은 아주 다르게 펼쳐진다. 아버지가 돌아가시면 당신의 삶은 윤택해진다. 우리나라에서 땅은 곧 부를 뜻한다.

동탄 신도시 옆에 제2통탄 신도시가 들어서고 있다. 이 지역 땅이 신도시 개발로 팔리면서 가장 많이 받은 토지 보상금은 무려 110억 원에 달한다. 100억 원 넘게 받은 이들이 10명 정도나 된다. 당신이 지주의 자식이란 명예를 갖고 태어났다면 삶이 꼭 CEO에만 있는 게 아니다. 그런데 이런 경우는 자주 있는 일이 아니다. 더욱이 W와 F 선상에 오르는 일은 내 노력으로 되는 것은 아니다.

나는 당신에게 이런 조언을 하고 싶다. 알파고니 4차 산업혁명이 니 해도 당신이 관심을 둘 곳은 당신의 일터다. 즉 하는 일에 성공의 길이 있다. 당신이 우선 가야 할 길은 'CEO' 아니면 'EXPERT' 의 길이다. 그게 아니라면 험난한 길을 가야 한다. 그러자면 조직이 당신보다 우선이어야 한다는 것은 자명한 일이다. 이것을 부인한다면 지금 하는 일로 당신은 중역의 자리에 오를 수 없다.

당신은 이런 고민을 할 수도 있을 것이다. 나는 누구인가? 나는 도대체 이 일로 성공할 수 있을까? 다 때려치우고 사업이나 할까? 고민하지 마라. 당신은 일꾼이다.

지금 당신이 하는 일로 성공할 수 있다. 일터가 주는 '보이지 않는 영역' 을 무시하지 말고 움켜쥐는 행동을 해라.

당신의 성공 모델이 있다. 바로 'CEO' 아니면 'EXPERT' 길을 가는 이들이다. 이들을 벤치마킹하고 이들을 존경해라!

5) 당신의 직업은?

●
●
●

다음은 요즘 빅 데이터 전문가로 유명한 다음 소프트 송길영 부사장의 글이다. 당신의 직업의 수명에 대한 이야기를 담고 있다. 차근차근 읽어보라.

5억5,000만 건의 소셜 빅 데이터를 통해 보았을 때, 꾸준하게 관심이 유지되는 키워드 중 하나가 바로 '취업' 입니다. 2008년 이후 약 4퍼센트가 증가했군요. 대조적으로 같은 기간 '직업' 에 대한 관심은 24퍼센트가 줄었습니다. 자신의 능력과 적성을 따져 직업을 선택하기보다 당장 직업을 구하는 일, 즉 취업에 더 급급한 모습을 보이고 있는 셈입니다.

최근엔 앞으로 20년 내에 없어질 직업의 리스트가 화제입니다. 여기에는 소매상이나 부동산 중개인은 물론 전문 작가나 회계사, 비행기 조종사를 비롯하여 경제학자에 이르기까지, 지적 노동이나 전문성을 요구하던 직종까지 망라되어 있습니다.

총 47퍼센트의 직업이 20년 내에 사라질 것이라는 옥스퍼드대 사이먼 스트링거 교수의 이야기는 의료 기술과 생활수준의 향상으로 수명이 늘어난 현 인류에게 불안함을 배가시켜 줍니다. 우리가 만든 인공지능이 우리 목을 죄어 오는군요.

그렇다면 도대체 어떤 직업을 가져야 할까요? 앞으로 없어질 직업은 모두 "컴퓨터가 대체할 수 있는 일"이라는 공통점을 갖고 있습니다. 살아남을 직업이라는 것은 결국 "컴퓨터가 대체할 수 없는 일"이라는 여집합에 있을 듯합니다. 많은 경험을 필요로 하여, 그 과정을 섬세히 계량화하기 어려운 직업, 종류나 생산 환경이 다양하여 동일한 생산물이 나오기 어려운 직업, 그리고 무엇인가 존재하지 않는 것을 만들어내는 창조적 직업 등이 아직까지 인공지능이라는 녀석이 흉내 내기 어려운 일들입니다.

이 직업들은 모두 '과거에 정해진 방법'만 그대로 익혀서는 안 된다는 공통점을 가지고 있습니다. 문제는 이런 직업을 가지려면 미리 투자해야 할 시간과 노력이 상당하다는 것이고, 거기에 덤으로 그러한 자질이 우리 모두에게 있기를 바라긴 어렵다는 게 '불편한 진실'입니다. 어쩌면 우리 모두가 장인匠人·artisan이나 예술가가 돼야 하는 세상입니다. 그렇다면 현재의 교육으로 가능할까요? 토익 900, 학점 3.7, 어학연수 6개월, 공모전 3회 참여와 같은 표준화된 이력만으로 장인이 될 수 있을지 판단하긴 어렵습니다. 취업준비생들의 미래가 20년 후 어떻게 펼쳐질지 상상하는 것 자체가 두려운 일입니다.

기술의 진보와 환경 변화는 선조의 삶을 따라 해온 우리의 미래를 송두리째 흔들고 있습니다. 현재의 불안은 이런 예측 불가능함이 결코 행복하지만은 않을 것이라는 육감sixth sense 때문인지 모릅니다.

혹시 '달콤한 관성' 이란 말을 들어 본 적이 있는가? 연세대 김동주 교수는 모 일간지 기고문에서 혁신에 대한 이야기를 하면서 그런 화두를 던진다.

왜 선도 기업은 실패하는가. 많은 사람은 선도기업의 실패 원인을 성공으로부터의 자만심이라고 말하곤 한다. 클레이턴 크리스텐슨 하버드 경영대학원 교수의 연구 결과에 따르면 다소 의외의 답이 돌아온다. 선도 기업이 실패하는 것은 그들이 자만해서가 아니고, 오히려 '열심히 해서' 라는 것이다. 그것도 너무 열심히 해서라는 것인데, 문제는 이미 세상이 바뀌고 있고 새로운 게임의 룰이 등장하고 있는데 이들이 이제까지 자신의 성공을 이끌어오던 방식으로 열심히 한다는 점이다.

기업 현장에서 느끼는 것이지만 상황이 예전 같지 않다는 것을 나름 피부로 느낀다. 이미 저성장 시대로 들어서 우리나라가 갑자기 수많은 일자리를 창출하고, 임금이 대폭 오르고 하는 이런 것들을 기대하기가 어려울 것 같다.

그렇다면 어떤 생존 전략을 짜야 할까? 무엇보다 가장 먼저 해야 할 일은 무뎌진 직감을 되찾는 일이다. 여기서 직감이란 '直感' 이 아니라 '職感' 을 말한다. 말하자면 직장 내 분위기나 세상 돌아가는 판을 읽어내는 능력을 말한다. 내 주변에 보면 세상을 잘 읽어내는 이들이 있다. 이들은 촉觸이 좋은 사람들이다. 이들은 하나같이 여건이 어려워도 세상을 읽어내고 나름 대책을 세워서 생존해간다. 대다수는 이러지 못한다.

이런 말이 있다. "강한 자가 살아남는 게 아니라 살아남는 자가 강한 자다." 나이에 관계없이 가장 소중한 일은 우선 살아남는 것이다. 그러자면 좀 더 풋 워크를 밟고 부단히 몸을 움직여야 하는 건 당연한 일인지 모른다. 사람들은 좀 지나면 나아지겠지 하는 초낙관적 생각을 자주 한다. 그런데 당신도 직장생활을 해봤겠지만 그런 일은 없었던 것 같다.

나는 직장생활을 단적으로 표현할 때 이런 말을 한다. "직장생활은 깜깜한 밤중에 후진으로 차를 주차하는 것이다." 그런데 주차할 때 후방 센서가 있으면 안전하게 주차하는 데 편하다. 바로 그런 센서 등이 내가 말하는 직감職感이다. 세스 고딘은 이렇게 말했다.

"아무리 노력을 해도 성과가 나질 않는다면 그건 게임의 법칙이 바뀐 것이다. 그런데 그것을 알려주는 사람은 없다. 스스로 배워야 한다."

아직도 옛날 생각만 하고 열심히만 한다고 되는 건 아니다. 이미 세상은 너무 빠르게 변하고 있음을 배워야 한다. 아무리 힘들고 어려워도 누가 뭐라고 해도 당신만 살아남으면 된다.

변화나 혁신에는 급격한 '혁신'도 있지만 서서히 하는 '개선'도 있다. 이젠 개선을 혁신으로 착각하면 큰 오산이다. 결국 세상이 변하는 속도로 당신도 변해야 한다. 그건 세상이 가르쳐 주지 않는다. 달콤한 관성의 법칙에서 벗어나야 한다. 당신의 직업은 당신이 지켜야 한다.

6) 당신의 출구 전략은 무엇?

•
•
•

　최근 우리 사회에 가장 화두가 되는 단어가 있다면 단연코 '100세 쇼크'다. 예전엔 오래 살면 축복이었는데 이젠 이것이 재앙이 되고 있다. 이러다 보니 이를 풍자한 이야기들도 많이 나온다. 아마 100년 인생을 살아야 하니 나온 이야기인 것 같다. 그래서 이젠 그냥 막 살아서는 안 되는 세상이 도래한 셈이다. 출구전략을 나름 구성해야 한다.

　미래란 무엇일까? 누구나 한번쯤 고민해본 단어일 것이다. 이 미래에 설명을 한 미래학자의 글을 통해 설명하고자 한다. 다음은 미래학자인 배일한 박사의 글이다. 막연했던 미래를 이해할 수 있을 것이다.

　미래란 무엇인가? 한자어로 '아닐 미未'에 '올 래來'자를 결합한 미래未來는 문자 그대로 '아직 오지 않은 시간'을 의미한다. 인류는 오랜 세월 '오지 않은 시간'의 불확실성을 두려워하고 이를 극복하고자 애써왔다.

허나 미래를 알고자 떠난 늦깎이 유학길에서 필자가 접한 서구 미래학의 첫 번째 공리는 "미래는 예측할 수 없다 The future cannot be predicted"였다. 새내기 의대생이 강의 첫 시간에 "병은 의술로 치료할 수 없다"라는 선언을 들은 황당함이 그러할까. 미래를 예측할 수 없다면 나는 왜 미래학을 배우며 어떻게 세상에 기여한단 말인가 회의가 들었다. 시간이 흐른 뒤에야 "미래는 예측할 수 없다"는 미래학자들의 오만을 경계하기 위한 다소 과장된 수사임을 이해했다.

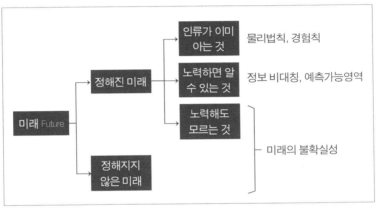

미래 개념의 구분

예측 가능한 미래의 영역은 분명히 존재한다. 예를 들어 내일 아침에도 태양은 뜰 것이다. 나도 나이가 들면 체력이 떨어진다는 충분히 검증된 과학지식에 기반한 "이미 아는 미래"다. 또한 북한의 핵무기가 언제쯤 미국 본토를 위협할 수준에 도달할지, 차기 국무총

리가 누구로 지명될지는 당신이 북한당국이나 청와대의 기밀서류를 열어볼 수 있다면 충분히 예측이 가능한 "노력하면 알 수도 있는 미래"다.

문제는 현재의 첨단과학과 끈질긴 노력으로도 도무지 알 수 없는, 예측 불가한 미래가 예측 가능한 미래보다 압도적으로 많다는 점이다. 조선시대는 막 임신된 태아의 성별을 구분할 의료기술이 없었기에 아들 또는 딸이 태어날지는 이미 정해졌지만 당시로선 "노력해도 모르는 미래"에 해당됐다.

같은 논리로 현대인들은 다음 태풍이 언제 나타나 어디로 불어 닥칠지 정확히 예측할 능력이 아직은 없다. 따라서 한국 기상청이 슈퍼컴퓨터를 돌려서 예측하는 장기 기상예보는 여전히 "노력해도 모르는 미래"에 가깝다.

여기에 인간의 변덕스런 선택에 따라 도중에 얼마든지 바뀌는지 따라서 정해질 수 없는 미래의 영역이 훨씬 광대하게 존재한다. 자식 농사는 절대 부모 맘대로 되지 않는다. 정치는 생물이다라는 격언처럼 복잡한 사회구조와 우연한 사건의 연속 가운데서 개인과 집단이 어떤 선택을 할지 정확한 미래예측을 하기란 거의 불가능하다.

〈〈조선닷컴〉발췌〉

이 글을 통해 당신은 당신의 미래를 예측할 수 있고 당신의 출구전략을 만들어 갈 수 있겠는가?

나는 수 년 전 《웰레스트》라는 책에서 다음과 같은 글을 소개한

적이 있다.

당신의 이해를 돕기 위해 내가 시중에 떠도는 이야기를 모아 나름 대로 각색해서 정리한 것을 소개한다. 《논어》 '위정편' 에 이런 말이 나온다. "15이면 지학志學, 30이면 이립而立 , 40이면 불혹不惑, 50이면 지천명知天命, 60이면 이순耳順, 70이면 종심從心이라."

15세가 되면 배움에 뜻을 두고 공부를 하고, 30세에는 그 뜻이 확고해지고, 40세는 어디에서도 미혹되지 않고 흔들리지 않고, 50세는 하늘의 뜻을 알게 되고, 60세는 모든 것을 들으면 이해를 하게 되고, 70세는 하고 싶은 대로 해도 별 탈이 없다는 것이다. 아마 당신도 학창시절에 한두 번 외웠던 구절일 것이다.

그런데 재미있는 건 이렇다. 15이면 지학이 아니라 '학원' 이고, 30이면 이립이 아니라 '입사' 고, 40이면 불혹이 아니라 '별책부록' 이고, 50이면 지천명이 아니라 '경수' 고, 60이면 이순이 아니라 '지공' 이고, 70이면 종심이 아니라 '폐집' 이다.

무슨 뜻일까? 15세이면 학문에 뜻을 세우는 게 아니라 정처 없이 학원에 다녀야 한다는 것이다. 30이면 확고한 인생의 뜻을 세우는 것이 아니라 먹고 살기 위해 입사, 즉 우선 회사 들어가야 한다는 현실을 말한다.

40이면 불혹이 아니라 '별책부록' 이라는 말은 아주 의미심장하다. 40이면 한창 일할 때인데 세상의 중심이 아니라 별책부록, 즉 변방으로 밀려나고 만다는 것이다. 50이면 지천명이 아니라 '경수' 라는 것은 이 나이가 되면 인생의 의미를 알아야 하는데 경수, 즉 경제수명을 다한 사람이 되고 만다는 메시지다.

듣고 보면 재미있기도 하지만 요즘 세상살이를 아주 꼭 집어 하는 이야기다. 계속하겠다. 60이면 이순이 아니라 '지공'이다. 지하철 공짜로 타는 어르신이 된다는 것이다. 70이면 종심이 아니라 '폐집'이다. 폐지를 줍는 일을 한다는 것이다.

수명 얘기는 《논어》에도 나오지만 수명에는 '경제수명'이라는 게 있다. 어느 정도 나이가 들면 경제활동이 끝나는 시점이 오며, 일하던 일터나 조직에서 나와야 한다는 것이다. 보통 경제수명을 '20-60-80'으로 정리한다. 이 말은 20대에 직업을 갖고 60대에 은퇴를 하고 80대에 인생을 마감한다는 것을 말한다.

그런데 이젠 이것도 변해서 요즘에는 '30-50-100'라고 한다. 30대에 직장을 구하고, 50대에 은퇴를 한 뒤 100세까지 살다 삶을 마감한다는 것이다. 그런데 이 대목에서 가장 중요한 포인트는 '50'과 '100'이란 숫자다. 50대에 은퇴해서 약 40년간은 돈을 벌지 못한 채 살아야 한다는 것이다.

다음은 은퇴 전문가 강창회 대표의 이야기다. 귀담아들을 대목이 많이 있다.

강 대표는 덧붙여 "입구 관리도 중요하지만 출구 관리에 힘써야 한다. 나이가 들어 벌어놓은 돈이 모자랄 경우에는 어떻게 그 환경에 맞춰 살 것인지, 경제적 여유가 있다면 그 돈을 어떻게 아름답게 쓸 것인지를 생각해야 한다"라고 충고했다.

"정년퇴직을 했을 때 노후생활비가 마련되어 있으면 좋겠지만 현실은 그렇지 못한 경우가 더 많아요. 그런데 대부분 퇴직한 후에 몇 년 동안을 쉬어요. 그렇게 가진 돈을 다 까먹고 나서야 뒤늦게 허드렛일이라도 하려고 나서요. 퇴직하자마자 무슨 일이라도 해야 합니다. 한 달에 50만 원만 벌어도 2억 원의 정기예금을 갖고 있는 것과 같은 효과가 있어요."

과거에는 공부해서 취업하고, 퇴직 후 쉬면서 여생을 보내는 게 일반적인 삶이었다. 그러나 100세 시대에는 공부하고 취업하고, 다시 공부해서 재취업하는 삶을 살아야 한다. 그런데 재취업은 쉬운 게 아니다. 강 대표는 "나만의 브랜드를 확립하라"고 조언했다. "제 이야기를 하면, 57세2004년 때 다니던 회사를 그만두게 됐는데 다른 곳에서 사장으로 오라는 제의를 받았어요. 그때 '오래할 수 있는 일이 뭘까' 고민했어요. 내가 가장 잘하는 일이 투자교육이니까 이걸 내 경쟁력으로 삼으면 좋겠다 싶어 미래에셋 박현주 회장에게 투자교육연구소를 만들자고 제안서를 보냈죠. 아내와 가족, 친한 선배들 모두 '폼 나고 임금도 많이 주는 사장으로 가지 뭐 하러 그러느냐'고 반대했지만 결국 이 일을 시작했어요. 그리고 10년이 다 된 지금까지도 일하고 있어요. 그때 사장으로 갔다면 2~3년쯤 더 일하다 퇴직해서 지금 놀고 있을 거예요. 자신만의 브랜드가 없으면 오래 일할 수 없어요. 다른 사람으로 대치할 수 있으니까요. 자기가 잘하는 일을 더 잘할 수 있도록 능력을 키우는 게 재취업을 하는 데 중요합니다." 그는 이력서도 잘 써야 한다고 했다. 이력서에 자신이 뭘 잘하는지가 구체적으로 드러나야 한다는 것. "회사에서 나이 든 직원을 채용하는 이유는 전문가를 원해서잖아요. 당연히 노무관리나 회계 등 구체적인 분야의 전문성이 있다는 것이 이력서에 나와 있어야죠. 재취업을 한 뒤에는 후배들이 경쟁자로 느끼게 해서는 안 됩니다. 후배들이 해결 못 한 일을 해결해주면 고마워할 줄 아는데 그렇지 않아요. 자기 자리를 빼앗길까봐 바로 견제가 들어옵니다. 후배들에게 경쟁자가 아니라 도움을 주는 선배라는 인식을 심어줘야 합니다."

(《신동아》 발췌)

100년 인생을 잘 보내기 위해 어떤 전략이 필요할까? 내가 기업체에서 강의를 하면서 강조하는 말이 있다. "이젠 '출구 전략'을 짜야 한다." 대개 좋은 직장이나 안정된 직장에 다니는 이들은 이 전략이 없다. 누구나 조직의 보호막 속에 사는 직장인들은 보호막을 걷어내면 무슨 일이 생길지 무지할 정도로 모르는 것 같다.

그래서 직장인들에게 당부하는 말이 있다. 월급, 점심식사, 휴가, 연월차, 자녀 학자금, 의료보험과 국민연금 지원 등 온갖 것을 지원해주는 온실 같은 회사에서 나오면 다음엔 무엇을 하면서 살겠는가? 특히 지금 다니는 회사가 너무 좋은 이들은 늘 생각해야 할 단어가 있다. 바로 '출구 전략'이다. 이 전략을 갖고 있는 직장인이 과연 얼마나 될까? 곰곰이 생각해볼 일이다. 100세 시대엔 '입구'가 아니라 '출구'다. 그 출구는 당신이 만들어가는 것이다.

7) 두 번째 곡선 그리기

●
●
●

　필자도 그렇지만 직장에서 녹을 먹는 이들에겐 한결같은 고민이 있다. 그 직장이 유명한 직장이건 그렇지 않은 직장이 건 똑같을 것이다. 유명한 직장 즉 안정된 직장에 다니는 이들이 ●이런 안정이 얼마나 지속될 것인가? 에 대한 고민을하고 유명하지 않은 회사 즉 덜 안정된 직장에 다니는 이들은 ●나는 언제쯤 안정된 직장으로 옮길까? 하는 생각을 할 것이다. 이런 현상은 미래에 대한 불확실성이 크면 클수록 더 할 것이다. 말하자면 자신의 미래를 주도 할 수 없기 때문일 것이다. 특히 고용주가 아닌 피고용인 경우엔 더더욱 그러할 것이다.

　올 하반기부터 좀 특이한 주제로 강의를 해오고 있다. 그 주제는 〈당신의 두 번째 곡선그리기〉다. 도대체 이게 무슨 뜻일까? 쉽게 말하면 〈불확실한 미래 준비하기〉로 다가올 미래를 수동적으로 당하지 말고 능동적으로 대처해가자는 내용이다. 이 강의를 하게 된 동기는 묘하게도 가까운 곳에 있다. 나는 찰스핸디의 〈텅빈 레인코트〉를 읽은 후 이 주제를 구상하게 됐다.

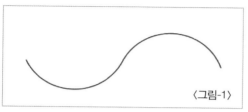

〈그림-1〉 (《텅 빈 레인코트》에서 발췌)

그 배경을 잠시 설명하면 이렇다. 챨스 핸디는 이 책에서 자신이 개발한 〈시그모이드 곡선〉(그림1) 이라는 곡선 원리를 자세하게 소개한다. 그는 인간이든 기업이든 조직이든 이런 곡선을 타고 간다는 것을 강조한다. 인간이든 기업이든 조직이든 국가든 하나의 공통점이 있다. 그건 바로 〈흥망성쇠〉라는 것이다.

모든 생명체는 흥하고 망하고 성하고 쇠한다는 것이다. 쉽게 말해 영원히 가는 것은 없다는 이야기다. 즉 모든 생명체는 Birih → Growth → Maturity 과정을 밟기 때문이다. 그렇다면 코카콜라나 GE처럼 오래 가는 회사는 어떤 이유일까? 이들은 부단히 변화를 도모했다는 것이다. 즉 부단히 적절한 시기에 〈두 번째 곡선〉을 그렸다는 논리이다.

자! 그러면 챨스 핸디의 논리 도움을 받아 당신의 생존을 위한 두 번째 곡선을 그려보자. 두 번째 곡선 그리기는 사실 쉬운 작업이다. 다만 시작 포인트 잡기가 어려운 게 다소 힘든 일이다. 그림(1)을 보고 어느 지점에 포인트를 잡고 두 번째 곡선을 그리기 시작하겠는가? 이 게임을 하면 대다수 사람은 (그림2) 처럼 포인트 B에서 두 번째 곡선 그리기를 시작한다.

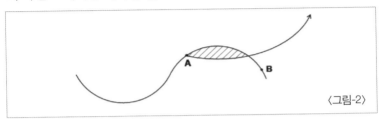

〈그림-2〉

필자가 〈I-COOK 코칭〉을 하면서 해보면 다들 이런 결과를 낸다. 왜 이런 현상이 일어날까? 사람들은 잘 나가거나 하는 일이 잘 풀려갈 땐 다른 곳으로 전혀 눈을 돌리지 않는다. 룰라의 리더인 이상민이 한 연예프로에 나와 자신 실패담을 소개한 적이 있다. 실패한 이유를 이렇게 말했다. 한창 잘 나갈 때가 2001년이었는데 시간이 딱 멈춰서 계속적으로 정상에 있을 것 같았다고 했다.

정상에서 보면 변화나 위기는 자신만을 비켜갈 것이라는 자만이 자리하기 때문이다. 그래서 누구나 〈하던 대로〉, 〈평소 대로〉, 〈있던 대로〉 하고 싶어 한다. 이렇게 〈관성의 법칙〉을 적용해가는 건 그렇게 하면 편하기 때문이다. 이뿐만이 아니라 포인트 B에서 또 다른 곡선을 그리려면 사실 물리적으로도 어렵다.

이 부분을 좀 더 쉽게 말하면 이렇다. 가령 당신이 대기업에 들어가서 열심히 일해 직장인의 로망인 상무가 되었다고 치자. 이쯤 대면 누구나 〈상무〉에서 전무로 〈전무〉에서 부사장으로 나아가 〈부사장)에서 사장으로 성공 로드맵을 그릴 것이다. 그리고 자신도 정상에 오를 것이라는 자아도취에 빠지기 십상이다.

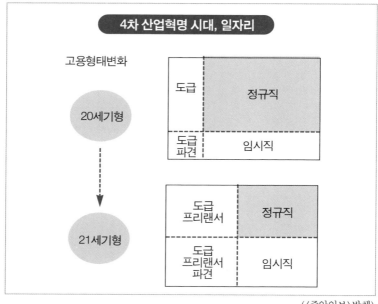

(〈중앙일보〉 발췌)

그래서 사람들은 직장에서 따먹을 것 다 따먹은 후 즉 배불리 먹은 다음 지금까지 써먹은 〈게임의 룰〉를 그대로 적용해서 두 번째 곡선을 그리려고 한다. 그런데 재미있는 건 그렇게 안된다든 것이다. 세상은 변하기 마련이다. 그 〈게임의 룰〉도 상황이 변하면 어쩔 수 없는 노릇이다.

그렇다면 두 번째 곡선은 어디에서 시작해야 할까? 찰스 핸디는 그림(3)처럼 포인트 A에서 시작해야 한다고 조언을 한다. 말하자면 잘 나갈 때, 큰 걱정이 없을 때, 호의호식하고 있을 때, 태평성대 때

하라는 것이다. 더 간단히 말하면 인생의 변곡점이 보이기 전에 점을 찍고 그리기 시작해야 하는 것이다.

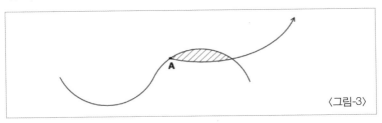

〈그림-3〉

대다수 개인, 기업, 국가나 조직은 이렇게 하지 않는다. 앞서 언급한 것처럼 자아도취해서 뻔히 보이는 〈포인트 A〉를 놓친다. 어느새 변곡점마저 지난 것도 모른 채 우왕좌왕 하다가 어쩔 수 없이 적당히 포인트 B를 찾아 그리기 시작한다. 물론 그렇게 해봐야 만시지탄이다.

이제 눈을 당신의 삶으로 돌려 보자. 당신이라면 어디에서 두 번째 곡선을 시작하겠는가? 한 가지 명심할 것은 변곡점 전에 그 어느 포인트에 점을 찍어야 한다. 물론 두 번째 곡선이 수명을 다하기 전에 또 다시 세 번째 곡선을 그려야 한다. 이 곡선 그리기는 세 번째도 네 번째도 다섯 번째도 매한가지다.

왜 그럴까? 〈게임의 법칙〉이 자주 변하고 게다가 당신이 죽지 않고 오래 살기 때문이다. 이건 어쩔 수 없다. 생존하려면 부단히 또 다른 곡선 그리기 게임에 적극적으로 나서야 한다. 그림(4)처럼 커리어 곡선을 그려 가야만 당신이 살아남는다. 어떻게 보면 고달픈 인생이 아닐 수 없다.

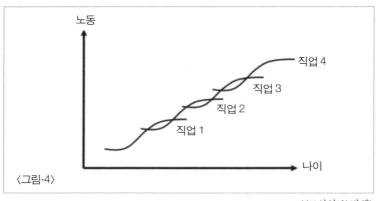

〈그림-4〉

(〈조선일보〉발췌)

자 다시 첫 번째 곡선으로 가보자. 이제 맘을 비우고 당신의 두 번째 곡선을 위한 포인트를 한번 찍어 보아라! 물론 어느 곳을 잡을 것인가? 는 나도 모른다. 그건 당신만이 안다. 그 포인트를 알고 있는 바로 당신이다. 인간은 자신에겐 관대하기 마련이다.

당신이 바꿀 수 없는 게 있다. 바로 당신의 아버지와 당신의 과거다. 그렇다면 당신이 바꿀 수 있는게 있다. 당신의 현재와 미래다. 이말은 당신이 상황을 좌지우지 할 수 없다면 당신을 바꿔라. 그러자면 일단 당신 일터라는 박스에서 벗어나 박스 바깥에서 당신을 보고 냉철하게 평가해라. 그리고 포인트를 잡고 그려가라! 이런 것을 나는 전략적 변곡점 만들기라고 한다.

그 포인트를 잡기 어려우면 이 책이 도움을 줄 것이다. 차근차근 읽어가라! 포인트를 잡게 되면 이 책에 지불한 그 비용이 아깝지는 않을 것이다. 만약 이 책을 읽었다면 그래도 아직 늦지 않았다. 지금 당장 당신을 위한 두 번째 곡선을 그려가라!

PART 2

What

辛後 are 有?

1) 당신을 위한 질문 7가지

●
●
●

전 세계에서 노동 생산성이 가장 높은 나라는 어디일까? 단연 독일이다. 독일인의 직업에 대한 의식은 유별나다. 독일어로 직업을 'Beruf' 라고 하는데 이 의미는 '직업Job' 이 아니라 '소명Calling' 이란 것을 뜻한다. 그러니까 이들은 먹고살기 위해 일하는 게 아니라 하늘이 자신에게 준 업業이라고 생각한다.

이렇다 보니 하는 일에 진정성을 갖고 열정을 담는 것이다.

독일인은 비즈니스 미팅을 할 때 테이블에 휴대폰이 없다고 한다. 특히 웬만한 공장 내 생산 라인에서는 휴대폰을 소지하지 않는다고 한다. 말하자면 자신이 하는 일에 잡혼Job魂을 심는 셈이다.

인생은 태도의 산물이라고 한다. 당신은 오늘 어떤 마음으로 출근했는가?

성공하는 이들은 태도라든가 행동이 남다르다. 가령 협상의 고수들은 이슈에 집중하는데, 하수들은 비난에 집중한다. 성우 배한성 씨는 방송을 하기 전에 늘 주변 사람들로부터 핀잔을 많이 듣는다고 한다. 바로 그의 방송 대본 때문이다. 그의 대본은 늘 지저분한데, 아이디어를 적고 메모하고 고치다 보니 더러워질 수밖에 없다는 것이다. 우리나라 국민배우라고 할 수 있는 송강호 씨도 그렇다고 한다. 한 편의 영화에 출연하는 데 대본이 3개나 된다고 한다. 아주 세심하게 준비하기 때문이다.

★ **YouPany 공식** ★

Job → Career → Calling → Brand

혹시 '25년 품질 보증' 이란 말을 들어본 적 있는가? 얼마나 품질에 자신이 있으면 이런 메시지를 전할 수 있을까? 이런 메시지를 전하는 회사는 침대 회사다. 이 회사는 침대 1개에 1억 5,000만 원 하는 침대를 생산해서 판매를 하는 '해스텐스' 다. 스웨덴 회사로 역사가 160년이 되었다. 남다른 장인정신으로 최고의 가격으로 최고의 제품을 파는 것이다.

강남 지역 고급 한식당들은 고객의 편익을 위해 발레 파킹Valet Parking을 해준다. 그런데 발레 파킹을 해주는 사람이 바로 식당의 주인이란다. 주인들이 왜 궂은일을 하는 걸까?

바로 '고객의 소리' 를 듣기 위해서라고 한다. 가령 고객들이 식사를 하고 나오면서 "맛이 예전 같진 않네!", "주방장이 바뀌었나?", "고기 양이 많이 줄었어!" 라는 이야기를 하기 때문이다.

축구선수 전 국가대표 박지성은 사실 개인기, 돌파력 등에서 호날두, 스콜스, 루니 등 세계적인 선수에 비해 앞서지 않는다. 그렇다면 그가 자신의 존재를 드러낸 비결은 무엇일까? 바로 '성실성' 에 있다. 이것 하나 만큼은 그 어느 누구에게도 뒤지지 않는다. 박 선수는 보통 한 게임에서 무려 12킬로 미터를 뛰면서 그라운드 곳곳을 누비고 다닌다. 물론 팀에서 가장 많이 뛰는 부지런한 선수다. 그는 부족한 천부적 재능을 투지로 메우는 셈이다. 나는 늘 이런 말을 한다. "사람은 배반하지만 성실함은 배반하지 않는다."

혹시 '960번 만의 성공' 의 주인공이 누군지 아는가? 바로 몇 년 전 70대 차사순 할머니의 자동차 면허 도전을 두고 한 말이다. 이 할머니는 필기시험을 949회 실패했다. 면허 하나 따기 위해 인지대만 500만 원 등 총 2,000만 원을 썼다. 〈뉴욕 타임즈〉, 〈로이터 통신〉 등 세계 유수의 언론들은 이런 불굴의 의지를 소개했다. 미국의 일간지 〈시카고 트리뷴〉은 부모들이 자녀에게 기억시켜야 할 '집념과 끈기의 귀감' 으로 소개하며 "아이들에게 도전정신을 가르치고 싶다면 차사순 할머니의 사진을 벽에 걸어두라!" 라고 했다.

대개 사람들은 성공한 이들은 늘 행복하고 그들은 고민 없이 사는 것처럼 생각하는 경향이 많다. 그런데 그런 시각은 본질을 보지 못하고 현상만을 보는 자세 탓이라고 생각한다.

이 세상에서 나름 성공의 길을 열고 있는 사람들은 '성장통成長痛' 이라는 것을 앓고 있다는 것에 주목 해야 한다. 성장통이란 누구나 성공이나 남다른 결과를 얻어 내려면 어쩔 수 없이 겪어야 하는 아픔을 말한다.

보통 사람들은 무엇을 하다가 힘이 들거나 제 뜻대로 안 될 때 "직장 때려 치고 유학이나 갈까?", 어떤 이들은 "사업이나 해볼까?", "시골로 내려가 농사나 지을까?" 등으로 생각하며 다른 곳에 눈을 돌리게 마련이다. 그런데 현실은 녹록하지 않다. 직장엔 온실의 법칙이, 직장밖엔 정글의 법칙이 작동하기 때문이다.

이쯤해서 당신이 해야 할 일이 하나 있다. 스스로 자신에게 질문해보는 일이다. 언젠가 한 전문가가 알려준 팁이다. 자신은 힘들 때 '7가지 질문'을 한다고 한다. 나는 이 7가지 팁을 'Self Q&A'라고 한다. 이름하여 '자문자답自問自答 7스텝-업業'이다. 차 한잔하면서 조목조목 체크해보라! 아마 가슴이 뭉클해질 수도 있을 것이다.

★ YouPany 공식 ★

첫째, 당신은 하나의 상품이라고 생각하는가?

둘째, 현재 당신의 주력 상품주특기은 무엇인가?

셋째, 그 주력 상품은 사내용인가? 아니면 사외용인가?

넷째, 당신은 그 제품으로 몇 년 동안 버틸 수 있는가?

다섯째, 그 다음에는 무엇으로 먹고 살 것인가?

여섯째, 이것이 없다면 어떻게 되겠는가?

일곱째, 지금 당신은 플랜B를 위해 무엇을 준비하고 있는가?

7가지 질문에 대답해보았다면 사각지대가 보일 것이다. 그 사각지대를 보완해가면 당신의 업業은 탄력을 받아 업Up이 될 가능성이 있다. 사업을 하든지 직장에 다니든지 여러분의 본질은 무엇일까? 바로 일과 일터다. 당신의 본질을 챙기는 일에 적극 나서 보라!

2) 반드시 밀물 때가 온다

●
●
●

   강의를 하면서 직장인들을 자주 만나게 된다. 요즘처럼 어려운 시기엔 다들 미래를 걱정하고 불안해하는 눈치가 역력하다. 인간이라면 누구나 미래를 걱정하는 건 당연한 일인지도 모른다. 그러나 걱정을 한다고 해도 이런 불안감이 해소되는 건 아니다. 그래서 필자는 늘 이런 메시지를 전한다.

   "What is your next? 생각하라!"

   무슨 말일까? 이 말은 개념 없이 살지 말고 늘 가슴속에 '다음'을 담고 살아가라는 것이다. 한마디로 말해 '준비하라'는 주문이다.

   지난해 10월 태풍 치바가 남해안을 강타했다. 약 40여분 동안 이곳을 마치 유린하듯이 큰 피해를 주었다. 사실 태풍의 크기에 비해 인명피해는 엄청 컸다. 수년전 미국 동남부 지역을 강타한 태풍이 있었다. 이 태풍은 치바에 비할 수 없을 만큼 크기가 컸다. 그런데 인명피해는 크지 않았다고 한다.

   그렇다면 왜 이런 차이가 있었을까? 바로 '준비'에 있었다고 한다. 물론 준비를 잘 한다고 해서 태풍이 안 오는 것은 아니다. 언젠가 올 태풍을 두고 준비를 철저히 한 것이 피해를 줄인 것이다. 즉 준비를 잘하느냐 대충 하느냐의 차이는 크다.

직장인들에게 앞서 소개한 이야기를 하면서 반드시라는 전략을 소개한다. 반드시라는 건 무엇일까? 다음과 같다. '반드시' 퇴직한다. 반드시 늙는다. 반드시 병이 든다. 반드시 죽는다. 그런데 반드시 오는 것을 제대로 준비하는 사람은 드물다. 대개 사람들은 '닥쳐야' 무엇인가 도모를 한다. 이미 때를 놓친 거나 다름없다. "이 순간이 올 줄 알았지만 이렇게 빨리 올 줄은 몰랐다"라는 탄식을 할 것이다. 만시지탄이다.

다음은 김석년 씨의 글이다

요즘 어렵고 힘들게 살아가는 이들이 주위에 너무 많아 안타깝습니다. "어떻게 지내십니까?" 하고 물으면 "그저 숨쉬고 있을 뿐입니다. 아니, 숨만 쉬어도 다행입니다"라고 대답합니다. 그러나 숨만 쉬어서는 안 됩니다. 지금이야 말로 미래를 준비해야 할 때입니다. '인생 행복론'을 쓴 데일 카네기 사무실에는 풍경화 한 점이 걸려 있습니다. 물이 빠져나간 황량한 바닷가에 낡은 배 한 척이 을씨년스럽게 놓여 있는 장면입니다. 그 밑에 이런 글귀가 쓰여 있습니다. "반드시 밀물 때가 온다."

비록 지금은 절망스런 때이지만 곧 온갖 생명체들이 노래할 밀물이 몰려올테니 소망을 가지라는 것입니다. 오늘 우리의 현실은 썰물 때입니다. 모든 것이 빠져나가느라 고통스럽고 어렵지만 분명한 것은 반드시 밀물 때가 온다는 사실입니다. 썰물 때 배를 손질하고 그물을 수선하는 자만이 밀물 때 풍요를 누리게 됨을 잊지 마십시오.

(《거자씨》발췌)

임종수 씨의 이야기다.

"여러분, 10년쯤 젊어져 다시 살라면 어찌하겠습니까?" 이 말에 모두의 눈이 반짝이기 시작했습니다. 가정해보는 것인데도 목사의 말이니 더욱 실감이 나나 봅니다. 그리고 이것저것 하고 싶거나 할 수 있는 일들을 말했습니다. 그러던 교우들이 "살아온 그대로 똑같이 살라고 하면요?" 하는 두 번째 말에는 모두 시큰둥해졌습니다. 그러면 그만두겠다는 것입니다. 그리고 10년이 흘렀습니다. 목사는 옛일이 생각나서 다시 똑같은 질문을 했습니다.

"10년 젊어져서 다시 살라면 어떻게 하겠습니까?" 교우들은 역시 같은 반응을 보였습니다. 지난 10년을 내버렸다는 듯 후회하는 모습이었습니다.

그런데 그들이 돌이키지 못하는 과거를 아쉬워하던 10년 전 그때에 앞을 보고 도전했더라면 어찌되었을까요? 그들은 분명 더 많은 일을 성취하였을 것입니다. 그리고 그렇게 후회하지 않아도 되었을 것입니다. 지금부터 시작하십시오. 앞으로 10년이 중요합니다.

(《거자씨》발췌)

그렇다면 무엇일 해야 할까? '반드시' 오는 것은 '반드시' 준비를 해야 한다는 것이다. 무엇인가 잘 준비하면 아무래도 덜 준비하는 것에 비해 그 피해를 줄이 수 있기 때문이다. 불확실한 미래를 위한 유일한 준비밖에 없다. 그 미래가 쓰나미 처럼 엄청난 것이라면 더 더욱 철저한 준비를 해야 한다. '반드시' 에는 '반드시' 로 대응해야 한다. 미래는 준비하는 자의 몫이다. 당신에게 아주 소중한 영어 4 단어다. "What is your next?"

가수 노사연은 〈바램〉이란 노래를 통해 이렇게 충고를 한다. "우리는 늙어 가는 게 아니라 조금씩 익어가는 겁니다."

당신은 나이를 먹고 있는가? 아니면 나이를 들어가고 있는가? 같은 나이인데도 대처하는 방법에 따라 그 결과는 아주 달라진다. 어차피 늙음을 막을 수 없다면 나이를 먹어갔으면 한다.

3) 늦지 않았다! 당신을 인큐베이팅하라

●
●
●

다음은 〈매일경제〉 배준희 기자가 은퇴 전문가 우재룡 씨를 인터뷰한 내용이다. 인생 2막을 위한 실질적인 내용을 잘 보여주고 있어 전문을 그대로 싣는다.

Q. 베이비부머들이 속속 은퇴 대열에 합류하면서 인생 2막이 화두다.

A. 전체 인구의 15퍼센트 가량을 차지하는 베이비부머는 우리나라 역사상 신체적으로 가장 활동적이며 교육을 잘 받은 은퇴자들이다. 베이비붐 세대가 자신들의 의욕과 경험, 재능을 활용해 2막을 성공적으로 여는 것은 장기적으론 국가 경제 성장과도 직결되는 문제다.

Q. 성공적인 인생 2막을 위해 가장 필요한 것이 무엇인가.

A. 은퇴 후 삶을 계획하는 데 충분한 시간과 노력을 들여야 한다. 그러나 상당수 은퇴자들은 불확실해 보이는 생활을 조기에 정리하

고 활동을 재개하려는 데만 집중한다. 인생 1막이 끝나고 2막이 열리기 전에는 하프타임이 있다. 하프타임을 제대로 삶의 목적과 의미를 모색하는 계기로 삼아야 한다. 하프타임을 얼마나 보람 있게 보내느냐에 따라 2막의 성공 여부가 결정된다.

Q. 하프타임 동안 어떤 요소들을 고민해야 하나.

A. 무엇보다 주어진 삶을 받아들이던 태도를 탈피해 자기주도형 삶을 지향하는 것이 중요하다. 그러기 위해선 구체적으로 다음 6가지 질문에 대해 스스로 답을 구해야 한다.

△진정으로 원하는 것은 무엇인가? △어떤 사람으로 변하길 원하는가? △나에게 정말 중요한 것은 무엇인가? △재능을 살려서 더 하고 싶은 일은 무엇인가? △앞으로 나에게 중요한 사람은 누구인가? △어떤 환경이 나에게 적합 한가? 등 이 질문들에 대한 답을 구하고 나면 자연스럽게 다음 삶의 목표를 정할 수 있다.

Q. 2막을 설계하면서 피해야 할 요소들을 꼽아본다면.

A. 무엇보다 재산 증식에만 쏠린 현재의 노후설계 방법을 뜯어고쳐야 한다. 이제부터는 인생 2막 삶의 목표를 먼저 세우고, 어디서, 어떤 일을 하며, 어떻게 생을 마감할 것인가를 먼저 결정해야 한다. 노후자금 문제는 맨 마지막 순번으로 미뤄야 한다. 은퇴생활의 목표를 풍요가 아니라 행복, 자아실현, 봉사 등으로 다양화할 필요가 있

단 의미다. 혼자서 노후설계를 하는 자세도 버려야 한다. 과거에는 실버타운처럼 사회에서 빠져나가는 생각을 많이 가졌지만 이제는 젊은이들과 교류하며 사회에 기여하고 자아를 실현한다는 생각을 가져야 한다.

Q. 제도적으로 뒷받침이 필요한 부분이 있다면.

A. 은퇴 시장은 정부보단 민간 부문에서 주도하는 것이 바람직하다. 지금은 오히려 정책 과잉이라고 봐도 될 정도다. 창업, 비영리단체 경영, 자원봉사, 사회 기여, 자기계발, 일자리 창출 등을 민간이 주도해 나갈 수 있게 정부는 방향만 잡아주면 된다. 1년 전 만든 은퇴자협동조합만 봐도 그렇다. 은퇴자들의 자립을 도모하기 위한 각종 조합이 우후죽순 생겨나고 있지만 정부가 제대로 방향을 잡아주지 못하고 있다. 상당수 은퇴자들은 아직도 협동조합 등 공동 커뮤니티를 통한 상호 공유 개념을 제대로 이해하지 못한다. 정부는 각종 교육프로그램 등을 통한 제대로 된 인큐베이팅에도 신경을 써야 한다. 　　　　　　　　　　　　　　　　　　　(〈매일경제신문〉 발췌)

퇴사학교 교장 장수한은 이렇게 말한다.

이민주 버핏연구소장에 따르면, 근 100년간 지속하던 고용 사회는 막을 내리고 있다고 한다. 1910년대 포드주의에 의해 시작된 대량 생산 체제의 고용 사회의 모델이 100년 뒤 아이폰의 등장으로 종말을 고하고 있다. 스티브 잡스Jobs에 의해 일자리Jobs의 변혁이 시작된 것이다. 우리의 선택은 자명하다. 우리는 아직 피고용자일 때 피고용 이후를 대비해야 한다. 이제는 꼭 50대가 되어서만 은퇴 걱정을 하는 시대가 아니다. 20대 신입사원도 지금부터 피고용 이후를 생각해야 한다. 내가 지금 누리는 피고용이 주는 안정성을 활용하여, 피고용 이후의 리스크를 대비할 수 있는 실력을 지금부터 길러야 할 것이다.

(《한국일보》 발췌)

나디아 코마네치는 《미래의 금메달리스트에게》 라는 자신의 책에서 강조한다.

최고가 된다는 것은 불가능을 넘어서도록 스스로를 채찍질한다는 의미입니다. 주변 모든 사람이 할 수 없다고 말할 때도 자신의 능력을 믿는 것입니다. 내리막이라고요? 어림도 없는 소리입니다. 나는 다시 정상에 섰고, 거기서 내려오느냐는 자발적인 선택과 결단의 문제일 뿐입니다.

('고도원 아침 편지' 발췌)

누구나 한 평생 살면서 성공을 꿈꾸고 그것을 성취하려 한다. 그것이 가보지 않은 길이라면 그 길을 가는 건 무척 힘이 드는 여정이다. 그런데 살아가면서 아무것도 안하고 안주하게 되면 언제가 남의 안주가 되고 만다. 안주가 될 것인지 아니면 안주를 먹을 것인지는 자신의 선택에 달려 있다.

자신 이름 석 자로 먹고 사는 일 즉 유퍼니는 당신이란 사람을 人 → 인仁 → 인忍, 나아가 인認으로 가는 과정이다. 당신의 삶에 스토리를 입히는 일이다. 이제 당당하게 유퍼니로 나아가라!

4) 파생 직업화로 풀어라

●
●
○

다음은 조직커뮤니케이션 전문가 김호의 〈35세가 마지노선이다〉라는 글의 일부다.

박유미 씨는 누구나 원하는 대기업에 들어갔다. 회사 선후배 동료들도 모두 잘해주었고, 업무 환경도 좋았지만 왠지 행복하지 않았다. 교육과 사람에 대한 관심이 많았던 그녀는 사업부에서 숫자를 다루는 일이 자신과는 맞지 않는다는 느낌이 점차 확신으로 변해갔다. 직장 생활 3년 차 때 우연히 무용동작심리상담이란 분야를 알게되고 흥분을 느꼈다. 취미 삼아 좋아했던 무용이 그녀가 대학에서 전공한 심리학과 만나는 지점을 발견한 것이다. 고민 끝에 4년간의 대기업 생활을 뒤로하고 도전했다.

이때 그녀의 나이는 서른이었다. 무용동작심리상담을 대학원에서 공부하면서 8년간 상담 경험을 쌓은 뒤 올해부터 마인드 플로우란 자기만의 회사를 차려 전국을 다니며 활발하게 활동하고 있다. 수입은 대기업의 높은 연봉에 비할 바가 아니지만 그녀는 현재 자신의 삶에 대한 만족도를 100으로 표현했다. 우선 시간을 자신이 원하는 대로 쓸 수 있고, 친구나 가족과 시간을 더 많이 보낼 수 있어 좋다. 또한 앞으로 어떤 사람을 만나고, 어떤 일을 벌여 나갈지, 자기 삶을 기획하느라 밤늦도록 고민해도 스트레스보다는 흥분이 앞선단다. 유치원에서 대기업에 이르기까지 다양한 사람과 만나고 일하면서 삶을 배워가는 지금의 모습이 너무 만족스러운 것이다.

좋아하는 것과 잘하는 것 사이에서 고민하는 사람들을 위한 조언을 부탁했다. 그녀는 매우 실용적인 답을 내놓았다.

"20대에는 좋아하는 것에 70, 잘하는 것에는 30 정도의 비중을 두고 새로운 시도를 보다 과감하게 해볼 수 있다고 생각해요. 하지만 30대 중반을 넘어서면 현실적으로 많은 제약이 있어요. 이때는 잘하는 것 70, 좋아하는 것 30 정도의 비중을 두고 시도해야지요."

이제 왜 35세가 마지노선인지 설명할 차례다. 30대 초반까지 자신의 직업을 찾아야 관련 분야에서 10년 정도는 경력을 쌓고 40대 중반에는 전문가로 나설 수 있다. 이런 이야기를 하면 40대, 50대에도 새로운 시도를 하는 사람이 얼마든지 있다고 말할 사람이 있을지 모르겠다. 성공 사례란 예외적 경우이다. 40대에 새로운 시도를 하기란 현실적으로 쉽지 않다. 그래서 나는 학교를 졸업하고 10년 내에 자신의 직업을 찾고, 10년간의 관련 경험을 쌓아 전문가로 나서는 것이 앞으로 우리 삶을 사는 하나의 중요한 방식일 거라 확신한다.

모든 사람은 어떤 분야에서든 전문가라는 말이 있다. 하지만 많은 사람은 자신이 정말 무엇을 좋아하고 잘하는지 잘 모르겠다고 말한다. 미래는 앞으로 무엇이 유망한지를 고민하는 사람보다 자신이 무엇을 정말 좋아하고 빠져들 수 있는지를 고민하는 사람에게 기회와 행복감을 선사한다. 경영혁신 사상가인 클레이턴 크리스텐슨은 《당신의 인생을 어떻게 평가할 것인가》란 저서에서 이렇게 말한다. "우리는 잘못된 판단에 근거해 일자리를 구한 다음 거기에 그냥 안주한다. 좋아하는 일을 하면서 살 수 있으리라 기대하는 건 비현실적이라는 생각을 받아들이기 시작한다." 〈〈동아일보〉 발췌)

그렇다면 당신은 무엇을 어떻게 해야 할까? 바로 파생 직업화를 하면 된다. 파생 직업화란 자신만의 '성장 엔진' 을 찾는 일이다. 성장 엔진이란 100년이란 긴 인생을 이끌어갈 수 있는 당신의 인생력人生力, 즉 동력動力을 말한다. 자동차의 엔진을 떠올리면 좋다.

그렇다면 당신의 성장 엔진은 어디에 있을까? 물론 당신 안에 있다. 마치 우리가 숨을 쉬는데 공기의 고마움을 잊고 살듯이 바로 당신에게 하나의 습관처럼 익숙해져 있는 것들이다. 나는 이것을 '익숙함' 이라고 부른다.

익숙함이란 무엇일까? 익숙함이란 사람이라면 누구나 갖고 있는 자산, 즉 성공 요소다. 언제든지 당신이 두뇌에 명령만 내리면 마치 로봇처럼 자동으로 무엇인가를 뚝딱 해내는 능력이다.

익숙함이란 당신이 직장인이라면 평생 해오던 일이다. 당신이 학생이라면 지금 하고 있는 '공부' 나 '전공' 이다. 당신이 주부라면 늘 해오는 '가사' 다. 당신이 택시 기사라면 지금 하는 그 운전을 말한다. 사람은 누구나 자신에게 익숙한 것을 하는 데 큰 부담을 갖고 있지 않고 언제 어디서나 그것을 잘 해낸다. 왜 그럴까? 체화되어 있기 때문이다. 구구단을 한번 외워두면 언제든지 써먹듯이 말이다.

"큰 부담을 갖고 않고 언제 어디서나 그것을 잘 해낸다."

이 말에 주목할 필요가 있다. 나는 대학생들이나 직장인들에게 멘토링을 할 때 이런 주문을 한다.

"좋아하는 것Like이나 하고 싶은 것Want을 하지 말고 지금 잘하는 것Well을 해라!"

경쟁이 치열한 시대에 남을 이기려면 잘하는 것으로 승부를 걸어야 한다는 말이다. 결국 자신의 익숙함으로 승부를 내라는 말이다.

사람은 누구나 한두 가지 잘하는 것, 즉 성공 자산을 타고난다. 이것을 그냥 버리지 않고 나름의 전략을 갖고 '확대 재생산'을 하면 된다. 바로 확대 재생산을 하느냐 못하느냐가 성패를 결정한다. 결국 성공하는 인생은 자신이 갖고 태어나는 '성공 엔진'을 찾아서 이곳에 차체를 올리고, 바퀴를 달고, 핸들을 얹고, 시트를 장착하여 멋진 자동차를 만드는 것과 같다. 문제는 그것을 당신이 어떻게 찾는가에 달려 있다.

그렇다면 그 성공의 자산이자 요소인 익숙함은 어디에서 오는 것일까? '하던 대로', '평소대로', '있던 대로' 살아가는 당신의 일상에서 온다. 그런데 사람들은 익숙한 것을 저평가하는 경향이 있다. 자신이 잘하는 것을 과소평가하고 남의 떡이 커 보이듯 곁눈질을 한다. 남보다 빠르게 가려고 주행선을 타지 않고 갓길을 타는 격이다. 갓길을 타면 잠깐 동안은 남을 추월할 수 있지만 종국에는 딱지를 떼고 나아가 남보다 처지게 마련이다. 주행로가 아니기 때문이다.

자, 그러면 익숙한 것을 찾아 나서보자. 익숙한 것은 누구에게나 있다. 나는 이것을 '레드랜드Red Land,익숙한 땅'라고 부른다. 신은 이 땅을 누구에게나 불하해서 가꾸어 살아가라고 한다. 다만 당신이 그 것을 어떻게 가공하느냐에 관건이 달려 있다. 그런데 사람들은 '성 공은 어떻게 하다 보면 오겠지?'라는 안일한 생각에 잠겨 있다. 물 론 인생에 이런 것은 없다.

내가 늘 말하는 이야기가 있다. "성공은 자연산이 아니라 양식이 다." 자신에게 주어진 성공의 땅, 즉 레드랜드를 어떻게 가꾸어가느 냐는 순전히 당신의 몫이다. 나는 그 가공 능력을 배양할 수 있는 'Do-How'에 중점을 둔다. 성공 인생의 방정식은 결국 당신의 직업 을 바탕으로 당신 안의 숨어 있는 성공 금맥 찾기, 즉 'S-DNAsussess - DNA' 찾기로 귀결되는 것을 알게 될 것이다.

그러자면 자신에 대한 관점을 바꾸고 나아가 곁눈질하거나 갓길 을 타면서 시간을 낭비하지 않아야 한다. 그래서 고민하지 말고 활 기찬 인생을 그릴 수 있는 내공을 쌓아가면 된다. 또 자신을 하나의 브랜드로 삼고, 세상의 중심에 서기만 하면 된다. 결국 나만의 레드 랜드에서 성공자의 길을 내기만 하면 된다. 이름 하여 '파생 직업 파 기'다.

1. 해오던 일이나 전공은 무엇인가? 예를 들어 '인사업무' 라고 답할 수 있을 것이다.

2. 그것에 '하기' 라는 단어를 붙여라! '(인사업무) + 하기'

3. 다음엔 그 앞에 당신 이름을 첨가하라! '김철수 인사업무 하기'

4. 이것이 바로 당신의 성장 엔진이다.

   다음엔 브랜딩(Branding) 즉 네이밍(Naming)을 하자.

5. 끝에 '연구소' , '연구원' 이란 단어를 붙여라.

   '(김철수 인사업무 + 연구소)' 식이 된다.

6. 이것을 좀더 멋지게 하면 (김철수 HR연구소) 또는 (The HR) 등이 될 수 있다.

7. 이것이 완성이 되면 당신의 파생 직업을 만들자.

8. HR에 '컨설턴트' 라는 이름을 붙이면 된다. 즉 'HR 컨설턴트' 가 되는 셈이다.

9. 명함을 만들어라. 이것을 갖고 세상에 나와라.

10. 이제 뿌려라, 명함 1,000장을!

★ YouPany 공식 ★						
비고	잘 하는 것	활동 내역	평 가	상품 가능성	To do	파생명
1						
2						
3						
4						
5						
6						
7						
구분	직무 중심	특기 사항	A,B,C,D,F	Only1 찾기	준비	Naming

5) 유 - 리스트를 만들어라

다음 글을 천천히 곱씹어 읽어 보자.

당신이 죽기 전에 꼭 이루고픈 것은 무엇인가? 꿈을 꿔보지 않은 사람이 어디 있으랴. 누구나 가슴속에 크고 작은 꿈들을 품고 산다. 하고 싶은 일만 하면서 살 수 있다면 얼마나 좋겠냐만, 하고 싶은 일보다 하기 싫은 일을 더 많이 하고 사는 게 세상사다. 그렇게 일상에 묻혀 지내다 보면 원하는 게 무엇이었는지도 잊고 만다. 해보고 싶은 일에 번호를 매기고 순서대로 하나씩 해나간다면? 생각만으로도 기분 좋아지는 상상이다.

영화〈버킷리스트〉에서는 이런 상상이 현실로 이루어진다. 시한부 선고를 받은 두 노인이 하고 싶은 일을 적은 '버킷리스트' 를 작성하고 리스트 대로 죽기 전에 원없이 마음껏 해본다. 이처럼 '버킷리스트' 는 '유서 쓰기' 와는 달리 하고 싶은 일이나 구체적인 행동들을 적은 것으로 쉼표 이후의 삶을 말해준다. 그래서 버킷리스트를 작성하다 보면 보다 적극적이고 능동적인 마음가짐을 가지게 된다. 한 분야에서 실력을 인정받기 위해서는 많은 것들을 희생해야 한다. '명사'라는 화려한 이름 뒤에는 남모르는 눈물과 피나는 노력이 숨어 있을 것이다. 그들에게도 아직 못다 한 꿈이 있을까? 우리 시대 명사 7인의 버킷리스트를 들어봤다. 〈〈조선일보〉 발췌)

내게 고민을 상담하는 직장인들에게 자주 이런 질문을 한다.
"정말 하고 싶은 것은 무엇입니까?"
물론 이런 질문을 한두 번 들어본 것은 아니겠지만 대개 답을 회피하거나 못하는 게 태반이다. 이런 모습을 볼 때마다 "과녁이 없는데 명중이 있을까요?"라고 답한다. 당신도 아마 대동소이할 것이다.

한 대기업에서 직원들에게 버킷리스트를 만들어보라고 했더니 혼자서 혹은 사랑하는 사람들과 세계일주 떠나기, 다른 나라 언어 하나 이상 마스터하기, 열정적인 사랑과 행복한 결혼, 국가가 인증하는 자격증 따기, 국내여행 완전정복, 나보다 어려운 누군가의 후원자 되기, 우리 가족을 위해 내 손으로 집짓기, 나 혼자만 떠나는 한 달간 자유여행, 생활 속 봉사활동과 재능 나눔, 1년에 책 100권 읽기 등으로 나타났다.
당신의 버킷리스트는 무엇인가. 당장 은퇴 후 꼭 하고 싶은 일의 목록을 작성해 보자. 은퇴란 말이 불안과 외로움이 아닌 설렘으로 다가올 것이다. 물론 버킷리스트는 은퇴 후 재정형편에 맞는 현실적인 내용이어야 한다. 〈〈중앙일보〉 발췌)

요즘 우리 사회에 버킷리스트가 유행이다. 당신은 어떠한가? 유행이든 한 시대의 트렌드든, 당신은 그 버킷리스트를 갖고 있는가? 이런 것을 생각하면서 너무 거창하게 생각말자. 버킷리스트라는 게 거북스러우면 '유 리스트'라고 명명해보자. 그리고 그것을 찾아나서는 여행을 한번 해보자. 나는 이 작업을 유토리youtory:you+story 찾기라고 한다.

이 작업을 하자고 하면 더러는 '무슨 유치한 짓인가?' 라는 생각을 한다. 어떻게 보면 유치할 수도 있지만 이 유치한 목록도 없는 당신을 어떻게 평가할 것인가?

다음은 내가 1996년도에 작성한 유 리스트다. 지금 와서 보면 참 유치찬란하지만 소개해본다.

● **이내화의 You - List**

〈건강 분야〉

♡5시에 기상한다.

♡적정 체중 유지한다. 100세까지 산다.

♡건강관련 보험을 든다. 건강식〈야채와 소식, 저염식〉을 한다.

♡매일 저녁 부부 산책을 한다. 수영을 배운다.

♡매일 30분 동안 운동한다. 계단으로 출퇴근한다. 요트 타기를 배운다.

♡뇌졸중을 대비한다. 매년 건강검진을 받는다.

♡푸시업과 줄넘기를 한다. 치아를 관리한다. 금연, 금주를 한다.

♡늘 화를 내지 않고 밝은 얼굴을 한다.

♡가족과 함께 등산을 한다.

〈가정 분야〉

♡가족사명서를 제정한다. 가족 신문과 우리 집 홈페이지를 만든다.

♡자기사명서를 만든다. 가족사를 만든다.

♡매월 가정의 날을 제정 터놓고 대화를 한다. 하루에 한 번 칭찬을 한다.

♡아이들의 장점을 계발한다. 가족 음악회를 연다.

♡아버님 건강을 돌본다(목욕/대화 등).

♡ 매월 1회 문화생활을 한다. 1주일에 3일은 TV를 안 본다.

♡우수한 사람보다는 위대한 사람을 만든다. 하고 싶은 것을 하는 가정문화를 만든다. 이색적인 가족여행(걸어서 강릉 가기, 자전거 타고 고향 가기)을 한다. 매년 해외여행을 한다.

♡아내와 매월 1회 로맨스를 즐긴다. 좋은 부모가 된다. 분기마다 어머님 산소에 간다.

〈재정 분야〉

♡근검절약을 생활화한다.

♡45세에 회사를 세운다. 20층 빌딩을 짓는다.

♡한국의 베벌리힐즈에 전원주택을 짓는다.

♡BMW 7 시리즈를 구입한다.

♡성공학 관련 방송 MC가 된다.

♡신문과 잡지에 자기 칼럼을 쓴다. 세계여행을 한다. 개인 사진전을 연다.

드럼과 색소폰을 배운다. 박사학위를 취득한다. 오디오 시스템을 구축한다.

♡현금 2억 원을 만든다.

♡유명 잡지의 표지인물에 선정된다.

♡성공학 분야 베스트셀러를 출판한다.

〈사회 분야〉

♡최고의 산업교육 훈련가가 된다. 내화 장학금을 만든다.

♡성공학 관련 서적 10권을 발간한다.

♡기업문화, 인성계발 컨설턴트가 된다.

♡Lee's 리더십센터를 세운다.

♡교수가 된다. 정기적으로 봉사활동을 한다. 연수원을 짓는다.
  대학교 동창회 회장이 된다.

♡성공인 클럽을 만들어 운영한다.

♡이력서를 관리한다.

♡꿈의 목록을 수정, 보강해간다. 항상 윈-윈을 생각한다.

〈정신 분야〉

♡원칙 중심의 생활을 한다.

♡주도적으로 산다.

♡받기보다는 베푼다. 토익 800점에 도전한다.

♡일본어와 러시아어를 배운다.

♡성공 관련 서적 200권을 독파한다.

♡매주 3권의 책을 읽는다. 7H-오거나이저를 생활화한다.

♡알고 있는 것을 남에게 알려준다. 클래식을 공부한다.

♡잘 듣는 사람이 된다.

♡성공 관련 인터넷 홈페이지를 만든다. 기체조, 명상법, 단전 호흡법을 배운다. 일기를 쓴다. 1년에 4번 자기계발 프로그램에 참가한다.

♡종교생활을 한다. 시를 쓴다.

★ YouPany 공식/ You 리스트 만들기 ★

1. 유 리스트 만들기는 시간이 좀 걸린다.

2. 우선 하루 정도 자신에 집중을 하고 나만의 시간을 가져라

3. 가족으로부터 벗어나 마이 타임(My Time)을 부르고 집중하라

4. 인생의 3가지 축인 'Have, Do, Be', 즉 '갖고 싶은 것, 하고 싶은 것,
   되고 싶은 것' 으로 구분하여 작성해보라.

5. 각 축에 33개씩 담아서 100개를 만들어라

6. 이것을 인쇄해서 당신의 방에 붙여서 매일 보아라

7. 작게 복사해서 지갑에 넣고 다녀라

6) 그것만이 내 세상

●
●
●

신세대 직장인들이 조기 이직하는 현상을 한 연구소는 '파랑새 증후군' 때문이라고 분석했다. 새로운 이상만을 동경하는 동화극 〈파랑새〉의 주인공처럼 현재보다 더 좋은 곳이 있을 것이라는 막연한 기대감으로 끊임없이 새로운 직장을 탐색한다는 것이다. 파랑새 증후군은 입사한 지 1년 미만 직원의 65퍼센트가 겪고 있을 만큼 20대 직장인들을 중심으로 널리 퍼져 있다고 한다. (《중앙일보》 발췌)

"이게 바로 나야? 어! 이런 게 아닌데……."
어느 날 문득 거울 속에 비친 당신의 모습이 정말 한심할 때가 있을 것이다. 주름살은 언제 이렇게 늘었을까? 얼굴엔 이미 생기가 사라진지 오래고, 점점 군살이 늘어 붙은 몸도 영 당신 마음에 들지 않을 것이다. 날카롭게 빛나던 눈빛은 이제 흐리멍덩할 뿐이고, 머리숱도 제법 눈에 띄게 줄었고 게다가 흰머리도 가끔 보일 것이다. 정말 기가 막힐 일이다.
그런데 외모보다 더 맥 빠지는 것은 새로 무언가를 시작할 자신이 없다는 것이다. 돌이켜 보면 겨우겨우 현상 유지를 하며 살아갈 뿐이다. 더 이상 동창회에 나가지 말아야겠다는 생각도 들 것이다. 학교 다닐 때 나보다 별 볼일 없던 친구들이 승승가도를 달리며 저만치 앞서가는 걸 보면 울화가 치밀기도 할 것이다.

'오늘도 회사에서 깨졌다. 상사는 찍어 누르고, 더욱이 후배들은 치고 올라온다. 도대체 아무것도 되는 일이 없는 것 같다. 하긴 내가 생각해도 나는 무용지물인 것 같기도 하다. 내가 출근을 하지 않는다고 해도 회사는 별 탈 없이 굴러갈 것이다. 지금 당장 차에 치여 세상을 떠난다고 해도 내일 아침이 오면 해가 뜰 것이다. 지금 이 세상은 정말이지 남의 세상인 것 같다……'

혹시 지금 이런 상념에 싸여 어깨를 축 늘어뜨리고 있지 않은가? 설상가상으로 이런 당신에게 따뜻한 격려와 위로의 말을 건네줄 사람이 아무도 없다면?

그렇다고 걱정할 필요 없다. 이런 말이 있다. 'Even eagles need a push.' 하늘의 제왕인 독수리도 때로는 도움이 필요하다는 이야기다. 때로는 당신에게도 이런 도움이 필요하다.

오늘 나와 함께 '자중자애自重自愛체조'를 신나게 해보기 바란다. 그리고 반전의 돌파구를 한번 만들어 보시면 어떨까?

자, 양팔을 활짝 벌려 자신의 몸을 꼭 껴안아 보라! 그리고 눈을 감아라! 이제부터 천천히 세월을 거슬러 올라가 보겠다. 당신이 탄생에 함박웃음을 터뜨리던 아버지의 얼굴. 감기에 걸린 어린 당신을 가슴에 품고 깊은 겨울밤을 꼬박 세우던 어머니의 가슴. 처음 걸음 마를 떼던 순간, 말을 배웠을 때, 운동회 날 달리기에서 일등을 하던 날, 당신을 지켜보고 자랑스러워하며 함께 기뻐하던 사람들의 얼굴이 오롯이 떠오를 것이다. 더러는 당신이 힘들어할 때 함께 울며, 당신의 실패를 위로하면서 내밀던 손길 등……

　지금의 내가 있기까지 얼마나 많은 사람들이 내 곁에 함께 있었는가? 얼마나 많은 사람들이 나로 인해 행복했으며, 기쁨을 느꼈는가? 이런 것들을 떠올리노라면 가슴 밑바닥에서 서서히 따스한 기운이 온몸으로 퍼져나가는 것을 느낄 것이다. 그리고 자신을 하찮게 여겼던 것이 누군가에게 미안해질 것이다.

　나를 진정으로 아낄 줄 아는 사람이 타인을, 세상을 소중하게 안다. 바쁜 조직 생활 속에 파묻혀 있느라 우리는 이 진리를 가끔 잊어버리곤 한다. 당신이 혼자라고 느껴질 때, 의기소침해질 때는 팔을 벌려 힘껏 당신의 몸뚱이를 꼭 껴안아보라! 아니 당신의 연인을 감싸 안듯이 포옹해보라! 자신을 안을 수 있는 사람만이 진정한 자신을 만들어갈 수 있다.

　지금부터라도 당신에게 포커스를 맞춰보라! 그리고 그곳에 집중을 해보라! 마치 돋보기로 햇빛을 모아 종이를 태워가듯이 그곳에만 시선을 두고 집중해라! 바로 그것만이 당신 세상이다. 그런데 그 세상은 당신을 삶의 중심에 두고 열심히 사랑할 때 더욱 더 넓어질 것이다. 추위에 지치고 힘이 들 땐 당신에게 한 발짝 더 가까이 다가가라!

그리고 당신 입 안에서 한번쯤 맴돌았던 대중가요 〈그것만이 내 세상〉이란 노래를 목청껏 불러보라! 왜냐하면 바로 당신! 그것만이 당신 세상이고, 그리고 당신 세상은 당신이 만드는 것이기 때문이다.

세상을 너무나 모른다고
나보고 그대는 얘기하지
조금은 걱정된 눈빛으로
조금은 미안한 웃음으로
그래 아마 난 세상을 모르나봐

혼자 이렇게 먼 길을 떠났나봐
하지만 후횐 없지 울며 웃던 모든 꿈
그것만이 내 세상

하지만 후횐 없어 찾아 헤맨 모든 꿈
그것만이 내 세상
그것만이 내 세상

세상을 너무나 모른다고
나 또한 너에게 얘기하지

조금은 걱정된 눈빛으로
조금은 미안한 웃음으로
그래 아마 난 세상을 모르나봐

혼자 그렇게 그 길에 남았나봐
하지만 후횐 없지 울며 웃던 모든 꿈
그것만이 내 세상

하지만 후횐 없어 가꿔왔던 모든 꿈
그것만이 내 세상

그것만이 내 세상

7) 성공은 의도적인 도발이다

●
●
●

내가 자주 가는 카페에는 '줌마들' 이 많이 온다. 이들은 삼삼오오 오는데 여간 큰 목소리로 떠드는 게 아니다. 그래서 가만히 앉아만 있어도 요즘 줌마들의 관심사나 우리네 가정사를 대충 귀담아들을 수 있다. 예나 지금이나 이들의 관심사는 무엇보다 아이들 공부다. 특히 아이가 대학 입시를 앞두고 있다면 그 열기는 대단하다. 자신의 아이가 일류대를 들어가거나 일류 기업에 들어가기를 바라는 건 인지상정일 거다.

줌마들을 대상으로 특강을 할 때 나는 이런 메시지를 전한다.
"중산층 자제는 성공하기가 어렵다."
이 말은 중산층의 자제들이 성공할 수 있는 확률이 부유층이나 빈곤층의 자녀들에 비해 낮다는 이야기다. 이런 엉뚱한 말을 던지면 줌마들은 이내 싫어하는 눈치를 보인다. 무슨 운명론을 피력하는 건 아니지만 나름 이유가 있다. 성공을 하자면 가장 소중한 재료가 있어야 한다. 그것은 무엇일까? 바로 '절실함' 이다.

여기서 절실함이란 신체적인 결함, 경제적 파산 등 내적·외적 환경 변수 등을 말한다. 태어나면서 얻은 '불공평함'이다. 가령 가난한 집안에서 태어났다든가, 신체적인 결함을 안고 태어났다든가, 부모님을 일찍 여의었다든가 하는 일이다. 이런 사람은 요즘 말로 하면 '흙수저' 쯤 된다.

성공하는 이들의 공통점 3가지를 꼽으라면 <u>첫째, 빈농의 자식이다, 둘째 초등학교 출신이다, 셋째, 올인한다</u> 등 절실함이 있다.

〈조선일보〉 조중식 기자는 '집이 망하자 학생의 잠재력이 폭발했다'라는 칼럼에서 절실함을 잘 설명한다.

20년 이상 학원을 운영한 학원장의 이야기를 듣고 감동한 적이 있다. "학생들의 대학 입시 성적은 중학교 2학년 때의 성적이 거의 그대로 가는 것 같다." 이 학원장의 분석이 얼마나 사실에 부합하는지는 모르겠다. 재미있는 것은 그다음 말이었다.

"예외적으로 성적이 크게 오르는 학생들이 있다. 공통점을 뽑아보면 중2에서 고3 사이 집안에 큰 변화가 있었던 학생들이 많았다. 좋은 변화가 아니다. 부모 중 누군가 사망하거나 실직했거나, 사업이 부도난 경우다. 한마디로 집안이 쫄딱 망할 정도로 환경이 악화된 학생들에게서 그런 예외적인 사례가 많았다."

열악한 환경과 위기는 인간을 좌절케 하고 목표를 포기하게 할 수 있다. 반대로 그런 환경과 위기를 타개할 창의성과 잠재력이 폭발적으로 터져 나오도록 격발하기도 한다.

대개 사람들은 어려운 고난에 처하면 치고나가거나 뒤처지거나 아니면 포기하게 마련이다. 치고나가는 사람들은 무엇을 갖고 있는 것일까?

나는 이것을 전문 용어로 '인생 반전을 위한 모멘텀Momentum' 이라고 한다. 이게 없으면 인생에서 반전을 일으키는 에너지가 적기 때문이다. 뒤집기 한판이 어렵다는 것이다.

최근 성공을 위한 하나의 이론으로 '모지론' 이란 것을 계발했다. 여기서 '모지' 란 영어 'Momentum' 앞 글자 'Mo' 와 '지렛대' 의 앞자 '지' 를 합성해서 만든 것이다. 여서 모멘텀은 지렛대에서 받침대 역할을 하고, 지렛대는 지렛대에서 누르는 포인트를 말한다.

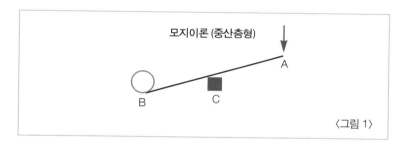

모지이론 (중산층형)

A

B C

〈그림 1〉

〈그림 1〉처럼 지렛대와 받침대가 있다고 치자. 받침대, 즉 모멘텀 (C)이 중앙에 있다. 이른바 '중산층형' 이다. 누르는 점 A도 힘들고 올라가는 점(B)도 힘들게 마련이다. 이렇게 되면 삶에서 있어 변화라든가 반전을 이끌어내기가 어렵다. 그런데 〈그림 2〉처럼 만약 모멘텀(C)이 인위적으로 또는 외적인 환경 변화에 의해 C가 내려갔다고 치자. 모멘텀이 낮아진 것이다. 이것을 나는 '위기' 라고 한다. 살

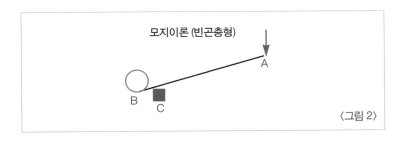

〈그림 2〉

면서 이런 모멘텀의 하강형 전이, 즉 빈곤층형 전략은 한두 번 만나게 마련이다.

이렇게 되면 모멘텀은 아래로 내려갔지만 반전을 좋은 포인트를 하나 잡을 수 있다. B는 내려갔지만 A를 잘 다스려 누르면 큰 성과를 낼 수 있다. 즉 A가 일을 낼 수 있는 기회를 제공한 셈이다. 그런데 중요한 건 다음이다. 이런 현실이 되면 대개 사람들은 포기하고 현실에 타협한다. 그래서 자신의 삶을 빈곤층 형으로 지정하고 그렇게 살아가려고 한다. 물론 조상 탓도 하고 더러는 부인, 자식, 상사 부모 탓을 한다. 요즘 젊은이들이 '흙수저', '금수저' 얘기를 하는 것도 같은 맥락이다.

그러나 살면서 변화가 오면 그것이 기회임을 알아채야 한다. 즉 반전의 모멘텀을 얻은 것이다. 모멘텀의 이동 없이 크게 되거나 큰 일을 내는 경우는 없다. 여기서 모멘텀의 전이는 바로 변화Change를 뜻한다. 일종의 위기를 말한다. 그런데 그들은 자신 인생에도 C, 즉 변화가 있다는 것을 인식하고 이것을 나름대로 해석해가는 장점을 갖고 있다.

변화란 무엇일까? 단순하게 말해, 오늘보다 더 나은 내일을 만들기 위한 실천이라고 할 수 있다. 나는 성공은 하나의 의도적인 도발이라는 생각을 자주 한다.

바로 이들은 이 도발로 Change에서 Chance를 창출해낸다는 것이다. 이를 통해 이들은 자신의 인생 반전을 모색해간다. 그래서 인생은 '반전 드라마' 나 같은 일이다. 뒤집기 한 판이 말미에 숨어 있는 재미가 솔솔한 게임이나 다름없다. 이런 경우엔 당신은 맘만 잡고 한번 누르기만 하면 성과는 크게 난다.

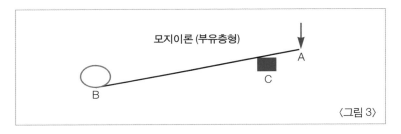

모지이론 (부유층형)

〈그림 3〉

그렇다면 이 모멘텀(C)이 아래로 움직이는 것이 아니라 〈그림 3〉처럼 A쪽으로 움직였다고 치자. 바로 부유층이 형성되는 것이다. 이것은 어려운 형국이나 보통 가난하게 태어나거나 평범하게 태어난 이들에겐 나타나지 않는다. 바로 이렇게 되면 한 번에 크게, 즉 'High Risk High Return' 방식의 성공을 할 수 있다.

이런 경우엔 점 A를 누르는 데 큰 힘이 필요하기 때문에 대개 포기하고 만다. 큰 기회지만 무서워서 이내 포기한다. IMF 때 큰돈을 번 이들은 대개 부자들이었다. 이들은 한 번에 모든 것을 가져가는 것이다. 포인트를 누르려면 큰 힘이, 종잣돈이 필요한데 이것을 갖고 있다는 것이다. 적게 일을 하되 수익이 많아지는 방법은 없을까? 물론 있다. 이를 '지렛대 효과'라고 한다. 이는 돈을 벌기 위한 시간을 무한정 늘리는 방법인데 자신에게 주어진 24시간을 통해 100시간, 1,000시간의 효과를 거두는 방법이다.

그런데 크게 성공한 사람들은 바로 이 지렛대 효과를 사용한다. 대표적인 예가 사업가다. 사업가는 많은 직원을 채용해 자신의 비전이나 방식 등을 전파함으로써, 작은 시간을 들여 큰 소득을 얻어 들이는 사람이다. 가령 나사를 만드는 공장을 차린 사업가가 있다고 치자. 이 사업가가 하루 동안 혼자 나사 1,000개를 만든다면, 직원 100명 채용해서 만드는 방법을 가르치면 그 회사는 하루 10만 개를 만들 수 있다. 바로 이런 게 지렛대 방식이다.

이게 바로 내가 주장하는 모지론이다. 지금 당신을 돌아보라. 모멘텀의 위치가 어디에 있는가를 만약에 이런 전이가 있다면 그것은 반전 신호, 즉 주식으로 말하자면 매도 시점을 알려주는 것이다. 만약 이런 전이가 없다면 당신이 의도적으로 만들어가야 한다. 그래서 성공은 의도적인 도발이라고 한다. 반전의 시그널을 잡아라!

PART 3

How-1

亭後 are 唯?

1) 1등이 아니라 1호가 되라

유럽에서 크게 성공한 로스차일드 사가 미국에 진출하려고 할 때 일이다. 어느 날 최고경영자가 한 부하직원을 불러 다음과 같이 물었다.

"우리 회사가 미국에 지점을 낼 생각인데, 떠나기 전 준비 기간이 얼마나 필요하겠나?"

이 질문을 받은 부하직원은 심각한 얼굴로 생각에 잠기더니 "10일 정도 걸릴 것 같습니다"라고 대답했다.

이 최고경영자는 또 다른 부하직원을 불러 똑같은 질문을 던졌다. 이 부하직원은 "저는 3일이면 되겠습니다"라고 대답했다. 뭔가 탐탁지 않은 이 최고경영자는 마지막으로 부하직원을 한 명 더 불러 같은 질문을 했다. 세 번째 직원은 "지금 곧 떠나겠습니다"라고 말했다. 그러자 최고 경영자는 이렇게 말했다.

"좋아, 자네가 오늘부터 샌프란시스코 지점장일세. 내일 당장 배를 타고 떠나게."

이 세 번째 부하직원이 샌프란시스코 최대 갑부가 된 '줄리어스

메이' 라는 사람이다.

당신이 유퍼니란 1인 기업을 차리는 작업에도 이런 원리는 작용한다. '앞서 가기 전략' 이다. 그렇다고 엄청난 변화를 요구하는 건 아니다. 남보다 반걸음만 앞서가도 된다.

A와 B 두 사람이 아프리카 초원을 걷고 있었다. 한참 가다보니 팻말이 하나 보였다. 그 팻말에는 다음과 같이 쓰여 있었다.

'사자 출현 주의!'

이를 본 A가 잠시 멈춘 다음 신발 끈을 동여맸다. B가 이렇게 말을 했다.

"여보게, 자네가 신발을 동여맨다고 해서 사자를 따돌릴 수 있겠나!"

이 말을 들은 A는 나머지 신발 끈을 더욱 동여매면서 이렇게 말했다.

"아니, 난 자네만 따돌리면 되거든."

남보다 한 발짝 먼저 가면 된다. 나는 이것을 '반보선행' 이라고 한다.

물론 성공이라든가 행운은 모든 사람에게 골고루 찾아온다. 그러나 그것을 붙잡는 사람은 그리 많지 않다. 성공은 나비와 같은 것이다. 당신이 붙잡지 않으면 금세 날아가 버리고 만다. 성공은 가만히 기다리는 사람에게 저절로 오는 게 아니라, 과감하게 덤벼드는 사람들의 몫이다.

인생은 생방송이다. 결코 재방송이란 게 없다. 인생이란 방송에선 테이프는 되돌릴 수도 없다.

사람은 태어나서 세 권의 책을 쓴다고 한다. 그 책 이름은 '과거, 현재, 미래' 다. 그런데 과거는 부도 수표이고, 미래는 약속어음이고, 현재는 현찰이라고 한다. 그러니 바로 오늘을 잡아야 한다.

그러자면 무엇을 해야 할까? 바로 '3 하자' 다. 누가 해도 할 일이면 '내가 하자', 언제 해도 할 일이면 '지금 하자', 지금 할 일이면 '더 잘하자' 다. 무엇이든지 생각을 했으면 일단 해보라!

조현정 비트컴퓨터 회장은 이렇게 말했다.

"창업을 할 때 체크리스트는 사람마다 다릅니다. 공통적으로는 기술 및 아이템, 자본력, 창업 파트너, 시장 등을 살펴야 합니다. 우선 기술 · 아이템이 독보적이거나 경쟁력이 있어야 합니다. 업계 1등보다 업계 1호 기업이 낫습니다. 1호는 자동으로 1등인데 1등 자리를 빼앗겨도 선점의 효과를 누릴 수 있습니다. 2~3년은 버틸 자금도 있어야 하고요. 나는 시장에 주목했습니다." (《더 스쿠프》발췌)

내가 강조하는 '종자의 법칙' 이란 게 있다. 흔히들 직장인들이 부동산에 투자를 하라고 조언을 받으면 난감해한다. 왜그럴까? 종자돈 Seed Money이 없기 때문이다. 사실 성공의 법칙은 수확의 법칙이다. 이는 봄에 씨앗을 뿌려야 가을걷이가 있다는 자연의 섭리다. 그리고 뿌린 대로 거두게 마련이다.

이렇듯 유퍼니로서 성공도 이와 같은 자연의 섭리를 따라야 한다.

봄에, 즉 하루라도 빨리 성공의 씨앗을 뿌려야 한다는 이야기다. 당신의 씨앗은 무엇일까? 바로 생존력과 경쟁력을 위한 일이다. 종자 사상, 살아남기 위한 생존력과 경쟁력은 종자부터 관리되어야 한다. 이런 말이 있다. "타조는 가장 강한 수놈에게 암놈 100마리를 맡긴다." 이와 같은 원리는 1인 기업 생태계에서도 먹히는 룰이다. 가능한 먼저 당신의 종자를 키워가라.

'유퍼니' 란 게임에선 이젠 1등이 되려고 하지 말고 무엇을 하든 1호가 되라. '얼리 버드' 가 아니라 '얼리 어댑터' 가 되라.

2) 인생은 질러 봐야 한다!

나는 우리나라 국민 중 가장 대표적인 '실천형 리더'로 현대그룹을 창업한 고 정주영 회장을 꼽고 싶다. 다음 글은 〈중앙일보〉김기환 기자의 글이다. 고 정주영 회장이 우리에게 주는 희망의 메시지를 편지 형식을 빌려 소개하고 있다. 내용이 좋아 전문을 그대로 싣는다.

나, 아산 정주영1915~2001 현대그룹 명예회장입니다. 요즘 힘들고 어렵지요. 이해합니다. 그러니 탄생 100주년을 맞아 다시 주목받는 내 성공담에 "본받자"는 찬사가 이어지면서도 "제아무리 정주영이라도 지금 태어나면 성공하지 못한다"라는 반응이 나온다고 생각합니다. 그러나 "못한다. 안 된다"며 주눅 든 청춘, 어려운 기업가에게 꼭 들려주고 싶은 얘기가 있습니다.

내 평생 성공만 하고 살아온 것처럼 비치지만 결코 아니라오. 나는 실패를 먹고 자랐소. 빈농의 아들로 태어나 네 번 가출한 끝에

1937년 22세 나이로 서울 신당동에 쌀가게 '경일상회'를 차렸지요. 그러나 일제가 쌀 배급제를 실시하는 통에 2년 만에 문을 닫았습니다. 1940년엔 북아현동에 '아도서비스현대차의 전신' 자동차 수리공장을 세웠습니다. 그러나 창업 한 달 만에 화재로 잿더미가 됐습니다. 평소 신용을 쌓은 후원자로부터 돈을 빌려 재기했지만 그마저도 일제가 기업 정비령을 내려 1943년 해체됐습니다.

1953년은 막막한 해였습니다. 현대건설은 그해 대구와 거창을 잇는 고령교 복구공사를 따냈습니다. 그러나 인플레이션 때문에 물가가 120배 폭등하면서 건축 자재 값이 천정부지로 뛰어올랐습니다. 신용만큼은 지켜야 한다는 생각으로 공사를 마쳤지만 일가족 집 4채를 팔아야 했습니다. 그 빚 갚는 데만 20년이 걸렸습니다.

개인사에도 곡절이 많았소. 어릴 적 변호사가 되려고 초등학교 졸업 학력으로 보통고시지금의 사법시험에 도전했지만 보기 좋게 낙방했습니다. 1982년엔 비 내리는 한밤중에 홀로 차를 몰고 울산 현대조선소를 순찰하다 바다로 빠졌습니다. 차 문을 부수고 수심 10미터가 넘는 바다를 헤엄쳐 나와 살았습니다. 장남은 교통사고로 잃었습니다. 1992년엔 대선에 도전했다 낙마했습니다. 이후 한동안 세무조사에 시달렸습니다. 어떻소. 이래도 내가 성공만 하고 살아온 것 같습니까.

누구나 스스로에게 닥친 위기가 제일 어려운 법입니다. 실패했을 때 다시는 일어날 수 없을 것 같은 좌절감도 들게 마련이지요. 일제 시대, 한국전쟁, 군부독재를 거치며 살아온 내 세대와 요즘이 다르다는 것도 압니다. 그러나 내가 겪은 어려움과 실패가 결코 여러분의 그것보다 작지는 않으리라고 생각합니다. 그러니 세계 어디에 내놔도 자랑스러운 자동차·조선·건설 회사를 일궈온 역사, 여러분도 해낼 수 있습니다.

청춘은 사상 최악의 취업난 때문에 쓰리고, 기업은 경제 여건이 좋지 않다며 구조조정에 한창입니다. 한국 경제의 활력이 떨어진 것 같아 안타깝습니다. 내게 혹 한 가지 배울 게 있다면 실패에 좌절하지 않고 오뚝이처럼 일어서는 도전정신, 그것 아니겠소. 오늘 내가 당신께 남기는 선물이라오. 부디, 도전하시오.

우물을 잘 파는 한 업자가 있었다. 다른 사람이 실패한 곳도 그는 곧잘 우물을 파냈다. 다른 사람들은 그의 능력을 신기하게 여겼고 결국 어떤 사람이 그에게 물었다.

"당신은 어쩌면 그렇게 우물을 잘 팝니까?"

그러자 그의 대답은 이랬다.

"예! 나는 우물을 파는 데 실패한 경우가 없습니다. 그래서 다른 사람이 실패한 곳에 잘 불려 다닙니다. 우물을 잘 파는 비결은 꼭 하나입니다. 나는 아무 곳이나 파지만 물이 나올 때까지 팝니다."

새로운 약 하나를 개발하는 데도 평균 1만2,000번의 실패를 거친다고 한다. 유전 하나를 발견하는 데에도 스물대여섯 번의 탐사를 넘겨야 한다고 한다. 러시아 속담에 "병사여, 인내하라. 곧 장군이 될 것이다"라는 말이 있다.

우리나라 산악인 중 거목을 뽑으라면 엄홍길 대장과 고인 된 박영석 대장이다. 나는 엄홍길 대장을 존경한다. 그의 업적도 업적이지만 그의 아름다운 선행 때문이다. 그는 세계 최초로 히말라야 8,000미터가 넘는 고봉 16좌를 오르는 데 성공했다. 그의 산사랑은 남다르다. 그의 전화번호 끝자리가 히말라야 산 높이인 8848이다. 등산 전문가들은 정상에 도전하는 동안 수많은 위험들에 대처하려면 산을 몸으로 이해하고 몸으로 실패해 보아야 한다고 입을 모은다. 그 중에서도 무엇보다 중요한 것은 자신감이라고 한다.

그는 산에서 죽을 고비를 여러 번 넘겼다고 한다. 심지어 오른발 엄지와 검지 일부를 잘라내기도 했다. 11좌에 오른 후 오른 발이 180도 돌아간 적이 있었다고 한다. 발목이 펴지지도 구부러지지도 않아 쪼그리지도 못했지만 그는 16좌를 기어코 완등했다. 한 인터뷰에서 그가 한 말이다. "자신감도 연습이다" 언젠가 나는 이런 말을 한 적이 있다. 〈정상은 정상인은 못오르고 미친 사람이 오른다〉 바로 엄홍길 대장을 두고 한 말이다.

이처럼 성공인의 좌우명에는 다음과 같은 세 가지 공통점이 있다고 한다. '무슨 일에나 낙담하지 않는다', '끝까지 해낸다', '결코 단념하지 않는다'. 이 세 가지를 한 마디로 표현하면 '절대 포기하지 마라'가 될 것이다.

나는 인생은 자전거 타기나 매한가지라는 이야기를 자주 한다. 자전거는 페달을 밟지 않으면 넘어지게 되어 있다. 자전거를 타는 이가 아무리 자전거 달인이라도 페달을 밟아야만 넘어지지 않는다.

그런데 성공하는 이는 페달을 밟을 때 생각하는 게 있다. 정 회장처럼 무엇인가 새로운 것을 도모한다는 것이다. 도전 정신은 자전거 타기와 비슷하다. 아무리 많은 책을 읽어도, 아무리 자전거 타기의 모든 기술을 이해하고 있더라도 타보지 않고서는 배울 수 없다. 성공하는 사람들의 자전거 타기를 100년 관찰해도 당신 자신이 100번 넘어지고 다치기 전에는 절대 배울 수 없다.

그래서 정주영 회장은 이렇게 늘 말했다고 한다.

"이봐, 해보기나 했어!"

바보들은 이 말을 좌우명으로 삼고 '질러보자'고 하는 이들이다. 그리고 이들은 기다리는 것이다.

3) 두드려라! 열린다

●
●
●

내가 성경에서 가장 좋아하는 구절은 〈마태복음〉 7장 7~8절까지 내용이다.

"구하라 그러면 너희에게 주실 것이요, 찾으라 그러면 찾을 것이요, 문을 두드리라 그러면 너희에게 열릴 것이니
구하는 이마다 얻을 것이요, 찾는 이가 찾을 것이요, 두드리는 이에게 열릴 것이니라."

나는 이 구절을 거의 좌우명처럼 여긴다. 이 내용을 하나로 압축하면 '구求, 탐探, 고鼓'가 된다.

첫째, 구하라.
나는 성공이나 성취가 홈쇼핑과 같다는 이야기를 자주 한다. 홈쇼핑을 한번 생각해보라. 홈쇼핑은 아무리 좋은 상품이더라도 주문하지 않으면 보내주지 않는다. 당신이 사고 싶은 것이나 갖고 싶은 게

있다면 일단 주문을 해야 한다. 즉 구해야 한다. '우는 아이 떡 하나 더 준다'는 말처럼 구하라.

사람들은 홈쇼핑 방송을 보면서 쇼 호스트의 말을 귀담아 듣는다. 그리고 이내 주문을 한다. 그런데 '내 인생 방송'에서는 그 누구의 말도 귀담아 들으려고 하지 않는다. 그리고 주문을 하지 않는다. 재미있는 홈쇼핑 방송이 소중한가, 내 인생 방송이 소중한가?

홈쇼핑 방송이나 인생 방송이나 공통점이 하나 있다. 그건 생방송이라는 것이다. 생방송 시간이 지나면 더 이상 주문을 할 수 없다.

유퍼니로 가는 주문도 당신이 지금 바로 해야 한다. 일단 들이대라. 그리고 구하라!

둘째, 찾아라.

당신이 구할 것이 있다면 우선 리스트업을 해야 한다. 홈쇼핑 방송을 통해 물건을 주문할 때 무턱대고 주문을 하지 않을 것이다. 가령 8박 9일짜리 '동유럽 여행 상품'이 있다고 치자. 쇼 호스트가 전하는 달콤한 내용만 믿고 바로 결제하지는 않을 것이다. 다른 방송도 보고 인터넷을 통해 검색도 하고 이런저런 비교 작업을 할 것이다. 바로 찾는 작업이다.

당신이 생각한 것이 있다면 맘에 가두어 두지 마라. 찾아 나서라. 멘토도 만나보고, 친구도 만나보고, 책을 통해 찾아보고 행동을 해라. "찾는 이마다 찾을 것이다"라는 말처럼 찾아라.

물론 이 작업은 귀찮고 힘들고 짜증도 나는 일이다. 그러나 그건 배부른 소리다. 생존을 위한 작업을 그런 식으로 합리화할 수는 없는 노릇이다. 인생은 생방송이고 그 방송 출연자는 남이 아닌 당신이다. 당신이 주연이든 조연이든 상관없다. 인생이란 무대에 서려면 어쩔 수 없이 수업료를 내야 한다. 지금 당장 찾아 나서라!

셋째, 두드려라.

두드림이란 말이 있다. 'Do Dream' 이란 뜻이다. 당신이 마음속으로 구하고 나아가 그것을 찾아냈다면 이젠 노크를 해야 한다. 문은 자동문도 있고, 미닫이문도 있고, 회전문도 있다. 그러나 성공의 문은 저절로 열리질 않는다. 당신이 성공의 문으로 들어가려면 일단 노크를 해야 한다. 그러면 열어준다. 두드림이란 한마디로 말해 내 성공 용어 '들이대' 라는 뜻이다. 강하고 담대하게 들이대라! 그러면 열릴 것이다. 다음엔 당신이 그 문으로 들어가면 된다.

인생조감도엔 세 박자가 있다. 다소 난해하지만 이것을 단순하게 하면 HDB다. 바로 To Have, To Do, To Be다. 즉 당신이 갖고 싶은 것, 당신이 하고 싶은 것, 당신이 되고 싶은 것이다. 이 세 가지 말고 인생은 없다.

당신은 무엇이 되고 싶은가? 당신은 누구인가? 당신의 상품은 무엇인가? 당신의 상품은 무엇이 강점인가? 당신은 어떻게 기억되고 싶은가? 당신은 무엇을 남기고 싶은가?

이런 질문도 결국 인생 3박자 DNA, 즉 HDB에 속한다. 그것 역시 당신으로부터 시작한다. 즉 '유 → 유답 → 유잡 → 유퍼니(you → you 답 → you job → youpany)' 다.

4)모조Mojo-You唯 Power를 키워라!

하루는 나그네가 혼자 험한 산길을 넘어가다 호랑이를 만났다. "내가 너를 잡아먹어야겠다. 네 팔 하나만 잘라서 내게 다오."

나그네는 팔 하나를 잘라서 호랑이에게 주었다. 다음 고개에 이르자 호랑이가 또 나타났다. "네 다리를 하나 더 다오." 나그네는 이번에도 다리 하나를 호랑이에게 던져주었다.

나그네가 마지막 고개에 이르렀을 때였다. 그 호랑이가 다시 나타났다. "나는 늙어서 이빨과 발톱이 없다. 네가 만약 맞서 싸웠더라면 나는 도망갔을 거야." 호랑이는 나그네를 한 입에 삼켰다. (《국민일보》 '겨자씨' 발췌)

우리나라 민담 가운데 한 토막이다. 대개 사람들은 어려움이나 역경을 만나면 이런 자세를 취한다. 이내 포기를 하고 마는 셈이다. 혹시 '모조Mojo'라는 말을 들어보았는가?

모조는 마셜 골드스미스가 쓴 책의 제목이다. 골드스미스에 의하면 모조는 인간 내면Intra-Personal에 대한 이야기를 담고 있는데 우리

말로 표현하자면 '인간 내면에서 발산되는 긍정의 힘'이라고 할 수 있다. 나는 이것을 'You唯 Power'라고 부른다. 즉 인간이면 누구나 자신만이 갖고 있는 '유일한 힘力'이란 뜻이다. 그런데 바보들은 이 모조가 아주 강하다고 할 수 있다. 이 힘은 이들을 있게 하고 유지하는 남다른 능력이라고 본다.

모조는 미국 흑인들의 토속 신앙에서 유래한 말로, 원래 소원이나 부적을 담은 작은 주머니를 의미했다. 그러던 것이 1960년대 이후 흑인 문화가 주류로 스며들기 시작하면서 자신감에서 우러나오는 만족감이나 심리적 활력을 뜻하는 속어로 쓰였다. 1997년 007을 패러디한 영화 〈오스틴 파워Austin Powers〉에서 성적 에너지나 매력을 의미하는 표현으로 쓰이면서 유명해졌다. 지금은 미국뿐 아니라 영어권에서 널리 통하는 단어가 됐다.

모조는 행복하고 의미 있는 삶을 만드는 데 핵심적인 요소다. 직장·가정·학교에서 훌륭한 리더가 되기 위해 반드시 갖춰야 할 점이기도 하다. 골드스미스 박사는 모조를 '내면에서 우러나 밖으로 드러나고 확산되는, 지금 하고 있는 일에 대한 긍정적 에너지'라고 정의한다. 모조는 자신의 정체성identity과 객관적 성취감achievement, 나에 대한 평판reputation, 그리고 현실에 대한 수용acceptance이라는 네 가지 요소로 구성된다. 이 네 가지가 서로 균형 있고 바람직하게 유지될 때 '모조가 높다'라고 할 수 있다. (〈조선일보〉 발췌)

다음은 《모조》의 저자 마셜 골드스미스가 긍정의 힘을 이끌어 내기 위해 매일 사용하는 자기 체크리스트다. 그는 날마다 이러한 과정을 통해 변화의 동기를 부여함으로써 내안의 긍정적인 변화의 힘 모조를 키워간다고 한다. 당신도 한번 해보라!

★ YouPany 공식 / 자기 체크리스트 ★

▶ **행복 & 의미**

1. 오늘 나는 얼마나 행복한가?

2. 오늘 하루는 의미가 있었나?

▶ **시간 관리**

3. 하루를 잘 계획하고 실천했나?

4. 명상과 긍정적인 생각에 몇 분을 썼나?

5. 나는 어찌할 수 없는 일에 몇 분을 썼나?

6. TV나 인터넷 서핑에 몇 분을 소모했나?

▶ **리더십**

7. 몇 번이나 화를 내고 공격적인 말을 내뱉었나?

8. 별것 아닌 일에 내가 옳다고 주장한 게 몇 번인가?

▶ **건강**

9. 몇 시간이나 잤나?

10. 몇 분이나 걸었나?

11. 팔굽혀 펴기는 몇 번 했나?

12. 오늘 몸무게는 몇 킬로그램이었나?

13. 고칼로리, 단 음식을 얼마나 먹었나?

세상에는 '검증된 조언과 요령'이 허다하다. 모두가 교사, 권위자, 전문가이고, 누구나 같은 온라인 튜토리얼을 들을 수 있는 환경에 놓여 있다. 이러한 전문가들은 아마 (대부분) 선의를 가진 조언자일 테지만, 사실 그들은 모두 틀렸다. 그들이 제공하는 정보가 확실하지 않아서가 아니다. 그들 자신의 이야기를 들려주고, 그들에게 효과가 있었던 방식과 이유를 말하고 있기 때문이다. 물론 나 역시 지금 똑같은 일을 하고 있다. 조언자 누구도 실제로 당신에게 무엇이 가능할지 알 수 없다. 분명 통찰력을 줄 수는 있지만, 딱 그 정도가 전부다.

조언 따위는 다 집어치우고 당신 내면에 귀를 기울여라! 당신이 선택한 길을 믿고, 직접 시험하며 가능한 한 많이 배워라. 목적을 이루는 데는 한 가지 이상의 방법이 있고, 올바른 길을 가고 있는지는 과거를 뒤돌아볼 수 있을 때 비로소 알 수 있는 법이다.

- 폴 자비스, 《내가 아는 모든 것》 중에서 (〈조선일보〉 발췌)

"Be hubris 자부심을 가져라."

세계적 경영사상가 세스 고딘이 얼마 전 동아비즈포럼에서 한국인에게 던진 메시지다. 그는 이날 한 대학생 참석자가 던진 "20대로 돌아가면 무엇을 하고 싶은가?"라는 질문에 이렇게 답했다.

"나는 지금의 내 모습이 좋고 이렇게 되기 위해 많은 노력을 했다. 원하는 대로 모든 것이 되지는 않지만 결과보다는 과정이 중요하다. 시간을 낭비하지 말고 항상 괜찮아질 것이라고 긍정적으로 생각하며 도전하라."

모든 사람은 각자 자기만의 속도와 방식으로 진보한다. (…) 그런데도 재능 있는 수많은 사람들이 자신만의 독특한 자질을 이해하려고 애쓰지 않는다는 사실은 정말 아이러니다. 자신이 어떤 사람이고, 사랑하는 일은 무엇인지 파악하고 이해하려 하기보다 다른 외적인 문제에 더 쉽게 집중하곤 한다.

(…) 그보다 더 중요한 일이 자기 자신부터 정확히 평가하고 자신이 누구인지 밝혀내는 것이다. 자신이 가진 기량을 하나하나 조사하고 어떤 직무를 진짜로 즐길 수 있을지 고민해야 한다.

- 로버트 스티븐 캐플런, 《나와 마주서는 용기》 (〈조선비즈〉 발췌)

성공하는 이는 이처럼 자신만이 승리 공식을 갖고 있다. 이 승리 공식을 풀어가는 데 평생을 쏟아 붓는다. 그 승리 공식을 풀어가는 원천은 무엇일까? 바로 앞서 소개한 'You唯 Power' 다. 실패하는 이들은 이 자산을 알지도 못하고 나아가 쓰지도 못하고 생을 마감하기 십상이다.

당신이 힘이 들거나 일이 안 풀릴 땐 '남 탓' 이나 환경이나 여건을 탓하지 말고 '내 탓' 을 하라. 결국 삶은 내가 풀어가는 고차 방정식이다. 그 고차 방정식의 실마리 단서는 바로 당신이다.

5) 어쩌다 어른! 인생을 색7하라!

●
●
●

　사람에게 공평한 게 하나 있다면 시간과 생각이다. 이 중 시간은 누구에게나 하루 8만6,400초가 주어진다. 매일 인생 통장에 이 자산이 들어오는 데 어떤 이들은 이것을 알차게 어떤 이들은 이것을 소비하면서 산다.

　얼마 전 한 취업 관련 방송에서 만난 우리나라 메이크업계의 달인 한 분을 만났다. 그녀가 메이크업 심사에서 강조한 것은 누드 메이크업이다. 얼굴색을 함부로 얻으면 안 되고 화장을 한 듯 안 한 듯해야 한다는 것이다. 물론 그것이 하루 이틀 해서 될 것 같지는 않았다.
　여성의 화장술을 보면 고등학교를 막 졸업하고 대학에 입학한 얼굴은 색이 조화롭지 못하고 닥지닥지 칠한 것 같다. 이에 반에 연예인의 얼굴을 보면 참 우아하고 멋져 보인다. 인생도 어떤 색을 어떻게 사용하느냐의 여하에 따라 그 모습이 달라질 것이다. 그렇다면 아름다운 인생을 위한 색칠을 어떻게 하는 것일까?
　무지개 색을 보면 아름다움에 누구나 반할 것이다. 그런데 무지개

색은 '빨주노초파남보' 7가지 색갈이 조화를 이루어 연출하는 것이다. 당신의 인생을 한편의 파노라마처럼 연출하기 위한 것도 매한가지다. '뻔한 인생'을 'Fun한 인생'으로 바꾸는 '유퍼니 코드 업 7가지'이다. 당신이 바뀔 것이다. 이것은 온실에서 정글로 나온 당신을 위한 생존전략이다.

첫째, 빨강이다. 열정이다.

당신이 가장 먼저 유퍼니를 위해 칠할 색은 빨강이다. 빨강색은 열정을 암시한다. 나는 이런 말을 자주 한다. "열정은 천재의 재능보다 낫다! 팔 게 없으면 당신의 열정이라도 팔아라!"

열정을 파는 첫 작업은 공부를 하는 것이다.

즉 자신을 계발해야 한다. 일터에서 일하듯이 유퍼니를 위한 공부를 하라.

다음 박성연 크리베이트 대표의 글이다. 우리나라 성인들의 현주소를 잘 보여준다.

대학 진학률은 전 세계 1위지만 대학을 졸업한 이후에도 계속 공부를 하는 사람은 많지 않다. 대학 들어가느라 공부에 지쳐서일까, 아니면 공부할 시간이 부족해서일까. 경제협력개발기구OECD의 성인역량조사PIAAC 결과 한국 성인의 학습 의지는 OECD 회원국 중 최하위권이다.

성인 학습 참여 의지가 가장 높은 나라는 핀란드다. 독립영화를 제작해온 마이클 무어 감독은 〈다음 침공은 어디Where to Invade Next?〉라는 다큐멘터리에서 핀란드 교육을 파헤친다. 이 다큐멘터리에서 핀란드 학생들은 세계에서 가장 적은 시간, 가장 적은 일수를 학교에서 보내고, 숙제는 아예 없거나 길면 10분 정도이고, 객관식 시험이 없어도 기본적으로 3개 언어를 한다. 이 나라의 한 선생님이 말한다. "학교는 행복을 찾는 곳이고, 자신을 행복하게 하는 방법을 발견하는 곳"이라고. 이 학생들이 사회에 진출하면 노동생산성을 세계 최고 수준으로 끌어올리는 주인공이 된다.

핀란드의 성공 비결을 성인 교육열에서 찾는 전문가가 많다. 25~64세 성인 교육에 참여하고 있는 비율은 핀란드를 비롯해 덴마크, 스웨덴, 노르웨이 같은 북유럽 국가들이 가장 높다. 이 북유럽 국가들이 모여 만든 북유럽협의체에서는 최근 성인 교육을 아예 의무 교육으로 만드는 법을 추진하고 있다고 한다. 아이들이 받았던 의무 교육을 성인에게도 적용하겠다는 것이다.

반면 연간 노동시간이 세계 2위이면서 노동생산성이 하위에 머물고 있는 한국은 공부할 의지를 북돋워주거나 여건이나 제도를 마련하는 데 인색하다. 성인 교육은 100세 시대를 살아가는 데 반드시 필요하다. 변화하는 사회에 적응하는 것도 중요하지만 나이를 먹으면서 지식과 지혜를 확장하고 실제 생활에 적용하면서 얻는 기쁨은 삶을 더욱 풍요롭게 만든다. 성인 교육은 사회가 유기적이고 역동적으로 유지되는 데 중요한 힘이다. 또 개인의 행복을 지속하는 데도 성인 교육은 빠질 수 없는 코스다. (〈동아일보〉 발췌)

둘째, 주황이다. 활기, 에너지다.

김용대47·자영업 씨는 지난해부터 맞춤 양복점에서 정장을 맞추기 시작했다. "키가 작은 데다 통통한 편이라 기성복을 입을 때마다 주눅이 들었다. 몸에 딱 맞는 옷을 입으니까 날씬하고 젊어 보이는 것 같다. 한마디로 자신감이 생겼다"라고 했다. 그가 맞춘 바지의 폭은 원래 입던 옷보다 1센티미터, 길이는 2센티미터 정도 줄어들었다. 한 벌에 100만 원 넘는 돈이 부담스럽지만, 만족도는 훨씬 높아졌다.

〈조선일보〉 발췌

나도 이렇게 한다. 특히 나는 은퇴한 사람들에게 조언하는 게 하나 있다. 바로 'Off' 다.

바짓단을 줄여라! 헤어스타일을 짧게 커트하라! 바지 품을 줄여라! 양복이나 셔츠를 줄여라! 체중을 줄여라! 몸에 착 감기는 정장을 입어라!

왜 그럴까? 당신이 지하철에서 흔히 만날 수 있는 노인의 모습과는 정반대로 하라는 의미가 있다. '아재 파탈매력 넘치는 아저씨' 이 되라는 건 아니다. 1인 기업을 하려면 자신이 상품이다. 상품은 우선 잘 포장이 되어야 고객의 손길이나 눈길을 잡을 수 있다. 그러자면 활기차고 에너지가 넘쳐나는 이미지를 주어야 한다. 이미지란 이미 주어진 모습이다. 그 모습을 'Up' 하려면 당신의 생각을 'Off' 해야 한다. 유퍼니에겐 스타일도 전략이다. 당신이 스타일을 못 바꾸면 무너진다. 머리부터 발끝까지 이미지 혁신을 하라!

셋째, 노랑이다. 긍정이고 기쁨이다.

당신이 일터에 나오고 1인 기업가로 살아가려면 느끼는 게 많다. 그중 가장 가슴에 다가오는 건 "어쩌다 어른"이란 단어일 것이다. 어쩌다 어른이 되었지만 당신이 해야 할 책무가 하나 있다. 영향력을 주는 어른이 되어야 한다. 강의장에서 글로써 대중을 만날 때 당신만의 어른 향기를 전해야 한다는 것이다. 그 향기 중 가장 좋은 향기가 바로 '긍정'이다. 그중 백미를 꼽으라면 '절대 긍정'이다.

수년 전에 타계한 고故 강영우 박사 이야기다. 강 박사는 우리나라 국민으로선 맹인으로 미국에서 최초로 박사 학위를 받았고, 미국 행정부에서 백악관 차관보까지 지낸 덕망 높은 사람이었다.

그런데 강 박사를 만나본 사람들은 그에게서 다음과 같은 공통점을 찾아낸다고 한다. 우선 작고 외소하다, 늘 겸손하고 한결같다, 선한 사람이다…….

여러 가지를 말하는데 다음 두 가지만은 누구든지 공통적으로 말한다. 바로 '절대 감사'와 '절대 긍정'이다. 강 박사의 성공 DNA는 바로 '절대 긍정'이다.

넷째, 초록이다. 편안함과 차분함이다

초록 하면 무슨 생각이 드는가? 부드럽다, 차분하다, 안정적이다, 어리다…….

이중 가장 돋보이는 건 '차분함'일 것이다. 안과 전문의들은 눈을 보호하려면 1시간에 한 번 정도 눈을 초록색 숲으로 돌려보라고 한다. 아마 이런 이유 때문일 것이다. 사람도 그렇다. 만나면 '편함'을 주는 이에겐 사람들이 끌리게 마련이다.

유퍼니를 운영하는 이들에게 가장 중요한 건 브랜드 파워다. 그러자면 주변 사람들이 알아주어야 하는데 그걸 본인이 직접 떠들고 다닐 수는 없는 노릇이다. 가장 좋은 방법은 입소문이다. 입소문을 타려면 편안함과 차분함을 갖고 있어야 한다. 이 대목에서 나는 빵점이다. 욱 하는 성질에 다소 다혈질이라 자기중심적 사고를 가져서 그렇다. 이렇게 되면 적이 많이 생기고 입소문을 타는 건 어렵다.

다섯째, 파랑이다. 청결함이고 시원함이다.

직장생활을 할 때 주 업무가 홍보 업무였다. 기업마다 기업색 Corporate Color이라는 게 있다. 가령 SK 하면 빨간색, 삼성 하면 파란색이다. 파란색은 청결함이고. 시원함을 준다. 그래서 이런 색을 선호하는 기업들이 많다. 삼성그룹 창업 50주년 때 기업 로고 등 기업색을 바꾸었는데 아마 '청결함', '젊음' 이런 이미지를 주기 위함일 것이다.

내가 1인 기업가로 첫 발을 내딛을 때 정장용 Y셔츠는 다 파란색이었다. 상대에게 청결한 인상을 주는 데 기여를 했다고 본다. 유퍼니는 사람을 상대로 하는 업이다. 상대에게 청결함을 줄 수 있는 비책을 만들어 보라. 의상이든 말투든 아니면 자료든 뭐든지 좋다. 당신 하면 떠오른 단어에 파란색을 담아라.

여섯째, 남색이다. 진지하고 겸손함이다.

일본이 자랑하는 메이저리거 '스스키 이치로' 선수는 야구 천재다. 10년 연속 200안타 메이저리그 역사상 유일, 10년 연속 타율 3할, 10년 연속 올스타 출전, 10년 연속 골든 글로브 수상 기록을 갖고 있다. 미국에선 살아있는 전설로 추앙받는다. 그가 역대급 선수가 될 수 있었던 이면에는 당연히 무시무시한 연습량과 지독한 자기관리가 있었을 것이다.

한 기자가 이치로 선수에게 물었다. "당신은 스스로 천재라고 생각하는가?" 그가 답했다.

"노력하지 않고 뭔가 해낼 수 있는 사람이 천재라면 나는 절대 천재가 아니다. 그러나 피나는 노력 끝에 뭔가 이루는 사람이 천재라면 나는 천재가 맞다."

이어 그는 이렇게 말했다.

"천재의 손끝에는 노력이라는 핏방울이 묻어 있게 마련이다. 내가 일본 최고의 선수가 된 이유는 나보다 많이 연습한 선수가 한 명도 없었기 때문이다."

성공하는 이들은 남다른 게 하나 있다. 겸손이다. 물론 겸손이 이들의 모든 것을 대변하는 건 아니지만 정상에 오른 사람들은 겸손을 먹고 오른 셈이다. 무지개 색 중 남색은 내가 무척 좋아하는 색이다. 남색은 겸손함과 진지함을 보여준다.

누구를 만나든 당신의 진지함과 겸손함을 팔아라! 그러면 늘 사람들이 '된 사람'이라고 다른 이들에게 전해줄 것이다. 당신의 개인 색상으로 정해도 부족함이 없을 것 같다.

일곱째, 보라다. 우아함과 고상함이다.

보라색은 우아함과 고상함을 나타낸다. 살아가면서 우아함과 고상함을 만들고 갖추는 것은 참 어려운 일이다. 이 색보다 더한 건 검정색이다. 현대카드는 카드 회원 등급을 정할 때 블랙 카드에서 퍼플 카드 순으로 한다. 블랙 카드는 아무나 발급을 해주지 않는다. 블랙이란 색상은 그런 이미지를 지닌다. 그 다음이 바로 퍼플이다.

세계적인 배우 오드리 헵번은 내가 가장 좋아하는 여배우기도 하다. 그녀는 화려한 영예나 편안한 삶을 버리고 자신을 필요로 하는 곳이라면 어디든지 달려갔다. 에티오피아, 방글라데시 등 그녀의 발길이 닿은 나라만 해도 20개국이 넘는다고 한다. 더욱이 그녀는 암에 걸리고 나서도 본인을 챙기기보다 어린이 한 명이라도 더 보살피기 위해 성심을 다한 것으로 잘 알려져 있다. 세상은 그녀를 빈곤 아동의 천사라고 부르기도 한다.

"사람은 두 손을 가졌다. 하나는 나를 위해, 다른 하나는 남을 위해." 그녀의 유언이다. 그녀가 세상을 떠난 지 어느덧 23년이 지났다. 사람들은 여전히 그녀의 천사 같은 행동에 아낌없는 존경과 찬사를 보낸다.

우아함과 고상함은 스스로 만드는 것이 아니다. 당신이 매일 살아가는 인생의 마일리지가 쌓여서 생기는 선물이다. 일상이 축적이 될 때 세상이 주는 것이다. 잘 아는 것처럼 석탄과 다이아몬드의 재료는 탄소다. 그 탄소를 어떻게 하느냐에 따라 결과는 판이한 것이다.

언젠가 나는 강의장에서 이런 말을 한 적이 있다.

"성공은 자신이 하는 일로 세상의 중심에 서는 것이다. 이렇게 되면 세상이 당신에게 엑세스Access하게 된다."

엑세스하면 네트워크Network가 된다. 그러자면 당신은 무엇을 해야 할까? 당신만의 스타일로 세상에 접속해야 한다. 그 접속력은 마치 자석의 자장磁場처럼 힘이 큰 사람이 있고, 반면에 그것이 작은 사람이 있기도 하다.

성공을 위한 지름길은 당신만의 스타일을 만드는 것이다. 무엇을 하든지 나만의 것, 즉 'Only 1'이 대세다. 그 스타일로 접속하라. 매일 당신을 '색 7 해가라!

6) 富라보! 마이 라이프

나는 강의를 하면서 많은 이들을 만난다. 강의 대상자에 따라서 반응이라든가 피드백이 차이가 난다. 연령대로 보면 가장 반응이 좋은 청중은 '줌마' 들이다. 그다음엔 아무래도 40~50대. 가장 부담스러운 대상은 기업에 막 입사한 20~30대라고 본다. 강의 평가도 그렇게 나오는 것 같다.

우선 20~30대다. 내 자식뻘 되는 이들에게 나는 '꼰대' 또는 '아재' 로 보이기 때문이다. 이들은 어른들의 이야기를 우선 듣지 않으려는 경향이 많다. 개발연대에 열심히 살아온 50~60대가 하는 이야기는 빤하다는 선입견 때문이다. 강의시간에 한 20퍼센트 정도는 스마트폰을 잡고 계속 검색을 하거나 딴짓을 한다. 못 살던 세대와 잘 사는 세대 사이에 보이지 않는 간극이 있으리라는 짐작을 해본다. 물론 내 강의 콘텐츠나 강의 방식에 문제가 있을 수도 있다.

다음은 '줌마' 다. '줌마' 들은 대상으로 하는 강의는 별 걱정이 없다. 이들은 무슨 말을 해도 받아들이고 반응을 보낸다. 왜냐하면 내 집에도 '줌마' 가 있기 때문에 '줌마' 성향을 잘 안다. 그래서 '줌마

취향 저격' 하는 셈이다. 바깥에서 '줌마'를 만나보면 이들 역시 힘들 것들이 많은 것을 느낀다. 그래서 그런 부분을 긁어주면 다들 좋아한다.

50~60대들에겐 할 이야기가 많아서 더러는 시간을 넘겨가면서 메시지를 전하기 일쑤다. 같은 연배라서 부담이 없고 마치 어떤 곳을 함께 여행하는 듯 편하다. 그리고 반응도 가장 잘 나온다. 그렇다고 이들에게 전하는 내용이 특별한 것도 아니다. 모르긴 해도 그들의 삶에 대한 코드를 잘 읽어내서 그럴 것 같다. 가령 경제, 자식 진로, 건강, 일자리 등 불확실한 사항에 대한 나름대로 처방을 주기 때문이다. 그중에서도 으뜸으로 꼽는 게 있다면 희망과 용기다.

희망과 용기라니 무슨 말인가? 물론 이들에게 일자리를 만들어주고 경제적으로 지원하는 그런 건 아니다. 나는 다른 면을 보도록 유도하는 작업을 한다. 말하자면 '패러다임 바꾸기' 다. 그렇다고 해도 대단한 것도 아니다. 이들이 세상을 살면서 자칫 놓아버리고 보지 못한 것을 보도록 하는 작업이다.

도대체 무엇을 하느냐고? 나는 강한 메시지를 던진다. "도대체 당신들이 무엇을 잘못했는가?", "왜 주눅 들어서 사는가?", "남성상을 어디에다 놓고 다니는가?"

우리네 남자들이 푸대접을 받은 건 공평하지 않다. 새벽같이 일어나 일터로 나가서 일을 한다. 그렇게 해서 번 돈으로 전세금도 얻고 집도 장만하고 애들을 가르치고 먹여 살린다. '소는 누가 키웠느냐?' 라는 메시지다. 그런데 당사자들은 이런 것을 놓치고 있다.

이런 메시지를 전하면서 나는 남자에 대한 재해석을 해준다. 남자의 한자 '男子'에서 '男'자를 보면 '田'자와 '力'자의 결합이다. 이 것을 그대로 풀이하면 남자란 밭에 나가서 힘을 쓰는 사람, 즉 일하 는 존재라는 것이다. 그래서 요즘 세상은 힘이 떨어지거나 일한 장 소, 즉 밭을 잃은 이들을 송두리째 '바보'처럼 몰아붙인다. 그 쓰나 미에 50~60대들은 이내 졸도하고 체념을 하고 만다. 물론 다 그렇다 는 건 아니지만 '전'이나 '력'을 잃은 이들은 대다수 이런 모습을 보인다.

그래서 이런 주문을 한다. "자식을 재구성하라!"

이건 또 무슨 소리일까? '자식'이란 단어에 좀 집중해보자. 우리 네 부모들이 특히 50~60대들은 유별나게 자식에게 쏟는다. 아마 어 렵게 살아왔기에 자식만큼은 고생시키지 않으려는 부성애의 발로 일 것이다. 그래서 가능하면 모든 것을 퍼주는 것으로 살아왔거나 지금도 그렇게 살고 있다. 전 세계에서 자식 대학교 학자금을 주고, 결혼 자금을 주고, 전세금을 마련해주고, 집을 사주는 아버지는 우 리나라밖에 없을 것이다. 죽으라고 일해서 모든 걸 자식 양육에 써 버리는 것이다.

자, 그러면 본론으로 들어가보자. 자식을 바라보는 패러다임을 바 꿔야 한다. 그렇다면 어떻게 바꿔야 할까? 자식이란 단어에서 '식' 을 보자. 이 '식'자의 'ㄱ'을 뒤집으면 '신'이 된다. 받침 하나 바꿨 는데 '자식'에서 '자신'이 되었다. 이런 메시지에 반응이 오면 나름 처방을 준다.

첫째, Don't 5

1) 절대 유산을 주지 마라.

2) 결혼 자금을 주지 마라.

3) 집을 사주지 마라.

4) 결혼 하면 내보내라.

5) 손자를 돌보아주지 마라.

둘째, Do 5

1) 하고 싶은 것을 하라.

2) 꼭 사고 싶은 게 있으면 사라.

3) 가고 싶은 곳이 있으면 가라.

4) '아재파탈'이 돼라.

5) 아버지 자리를 내놓지 마라.

이런 처방을 내렸다고 해서 다 되는 것은 아닐 것이다. 그러나 들이대야 한다. 좀더 목소리를 크게 내고 자신의 자리를 재인식시키고 지켜야 한다. 과연 이게 가능할까? 아마 당신은 무슨 '개저씨' 같은 소리를 하느냐고 할 것이다.

그러나 가능한 일이다. 다시 남자로 가는 길을 찾아야 한다. 그 길을 다시 타고 주행선으로 들어가야 한다. 예전처럼 1차선으로 힘차게 달릴 수는 없겠지만 그래도 2차선 아니면 3차선으로 들어가야 한다. 바로 '남'의 길을 회복하는 데 있다. 즉 '전'을 다시 찾거나 '력'을 키우는 것이다. 그게 바로 당신의 일을 만드는 것 즉 유퍼니를 만드는 작업이다.

인생은 선택이다. 남성상, 부모상을 찾거나 지키거나 그건 자신의 몫이다. 물론 하기 싫으면 어쩔 수 없는 노릇이다.

이 세상에 남성을 뜻하는 많은 단어들이 있다. '아이, 소년, 학생, 청년, 아빠, 아버지, 개저씨, 아재, 아재파탈, 삼식이, 할아버지, 할배, 할빠……'

이 단어들은 당신의 선택을 기다리고 있다.

나는 모 신문 사이트에 〈부라보! 마이 라이프〉라는 칼럼을 수년간 연재했다. 여기서 '부'는 한자로 '父'도 의미하지만 궁극적으론 '富'를 뜻한다. 즉 잘 먹고 잘 살자는 메시지다. 왜 '부'라는 콘셉트를 가져왔을까? 富에도 田 자가 들어 있다. 한자가 상형문자라 아마 이렇게 만들어졌는지 모르지만 '부'라는 글자의 진정한 의미는 밭, 즉 '일터'의 유무에 있다고 본다.

수년 전 영국의 한 일간지가 조사를 했다. "당신을 가장 행복하게 만드는 것은 무엇입니까?"라는 질문에 영국사람 10명 중 9명이 이렇게 답을 했다. "아침에 눈을 뜨면 일하러 갈 수 있는 것."

아침에 일하러 가느냐 마느냐는 당신이 어떻게 준비를 하느냐에 따라 달라질 것이다. 더 이상 은퇴라는 건 없다. 더러는 이젠 '반퇴 시대'라고 부르기도 한다. 은퇴건 반퇴건, 일자리건 일거리건 일이 있는 자는 이렇게 외쳐라.

'부라보! 마이 라이프!'

나는 오늘도 일하러 간다.

7) 마음먹기에 대한 생각

요즘 어디를 가든 사람들이 이구동성으로 하는 말이 이것이다.

"너무 힘들다!"

그 원인을 뜻하지 않은 불경기 탓으로 돌리는 것 같다. 장사를 하는 이나 기업을 꾸리는 이나 여간 고생하는 게 아니다. 어떤 이들은 장사가 안 되어서, 다른 이들은 자녀들이 취직이 안 되어서, 또 어떤 이들은 은퇴를 해서 스트레스로 눌려 산다. 여기서 '눌리다'의 명사형인 '눌림'이란 단어를 한번 보자. 곰곰이 보면 'ㄹ'과 'ㄹ'받침이 연달아 있다. 그냥 앞쪽의 'ㄹ'를 날려 보자. 그러면 '눌림'이 '누림'이 된다. 바로 관점이 주는 큰 힘이다.

나는 만나는 이들에게 '생각이 에너지다!'라는 이야기를 자주 한다. 언젠가 지인 중 한 사람이 나에게 이렇게 물었다.

"이 선생님! 정말 생각이 인생을 바꿀 수 있을까요?"

이 질문에 나는 "예!"라고 답했다. 다소 엉뚱하고 미신(?) 같은 이야기처럼 들릴 수도 있을 것이다.

생각에 대한 이야기를 한번 해보자.

당신이 사는 집에 전원 스위치가 있을 것이다. 그 스위치를 누르는 일은 참 쉽다. 그러니까 당신이 전원을 켤 것인지, 아니면 끌 것인지를 정해서 그냥 누르기만 하면 된다.

내가 강조하는 생각론도 이와 대동소이하다. 'On'을 누를지 'Off'를 누를지 선택하면 된다. 가령 아침 출근길에 동료를 만났을 때 얼굴을 찌푸릴지 아니면 밝게 웃을지 선택한다. 이때, 당신이 찌푸리라고 생각하면 찌푸리고, 웃으라 하면 웃는 얼굴이 나온다. 아주 쉽고 간단한 작업이다.

인간이 이 세상에서 아무 제약 없이 맘대로 할 수 있는 것이 바로 생각이다. 다시 말해 당신의 인생을 바꿀 수 있는 단 한 가지는 생각이라는 것이다. 이 자원은 무한하기 때문에 언제든지 어느 때든지 꺼내서 쓸 수 있다. 다만 꺼낼 때가 문제다. 부정을 꺼낼지 아니면 긍정을 꺼낼지 선택해야 한다. 아무도 막을 수는 없다.

〈그림 1〉

수년 전 직장생활 할 때 상사로 모시던 분이 자신의 명함을 나에게 준 적이 있다. 그 상사가 준 명함엔 그림이 하나 있었다(그림 1). 내가 영문을 모른 채 그 그림을 자세히 보고 있으니, 그 상사가 이렇게 말했다.

"이 사람아! 한번 돌려봐!"

돌려 보니까 전혀 다른 그림이 보였다(그림 2). 생각이란 바로 이런

〈그림 2〉

것이다. 당신의 생각이 당신의 인생을 바꾼다.

　내 '생각론'은 아주 간단하다. 세상은 보는 방식에 따라 다른 행동을 하고 다른 결과를 얻는다는 것이다. 그러니까 생각을 달리하면 인생도 바꿀 수 있다고 본다. 당신도 한번 무엇이든지 뒤집어 보라! 다르게 보일 것이다. 지금 당신에게 보여 지는 것을 그대로 보지 말고 뒤집어 보거나 아니면 다른 각도로 한번 보라! 평소 보지 못한 것이 분명 보일 것이다. 무엇인가 하다가 잘 풀리지 않으면 비평이나 불만이나 불평만 털어 놓지 말고 일단 돌려 보이라!

마윈이 한 이야기다.

▶ 세상에서 가장 같이 일하기 힘든 사람은 가난한 사람이다.

▶ 자유를 주면 함정이라고 얘기하고

▶ 작은 비즈니스를 얘기하면 돈을 별로 못 번다고 얘기하고

▶ 큰 비즈니스를 얘기하면 돈이 없다고 하고

▶ 새로운 것을 시도하자고 하면 경험이 없다고 하고

▶ 전통적인 비즈니스라고 하면 어렵다고 하고

▶ 새로운 비즈니스모델이라고 하면 다단계라고 하고

▶ 상점을 같이 운영하자고 하면 자유가 없다고 하고

▶ 새로운 사업을 시작하자고 하면 전문가가 없다고 한다.

▶ 그들에게 공통점이 있다.

▶ 구글이나 포털에 물어보기를 좋아하고

▶ 희망이 없는 친구들에게 의견듣는 것을 좋아하고

▶ 자신들은 대학교 교수보다 더 많은 생각을 하지만 장님보다 더 작은 일을 한다.

▶ 그들에게 물어보라 무엇을 할 수 있는지 그들은 대답할 수 없다

▶ 내 결론은 이렇다.

▶ 당신의 심장이 빨리 뛰는 대신 행동을 더 빨리 하라. 그것에 대해서 생각해 보는 대신 무엇인가를 그냥해라.

▶ 가난한 사람들은 공통적인 한 가지 행동 때문에 실패한다.

▶ 그들의 인생은 기다리다가 끝이 난다.

▶ 그렇다면 현재 자신에게 물어보아라.

▶ Just do it.

〈마케팅공작소 발췌〉

골퍼가 골프를 칠 때 일어나는 현상이다.

"고수가 친 공은 본 대로 갑니다. 중수가 친 공은 친 대로 날아갑니다. 그렇다면 하수의 공은 어떻게 날아갈까요?" 아마 당신은 "골프를 안치기 때문에 잘 모르지만 아마 조금 날아가다 떨어지지 않을까요?"라고 답을 할 것이다.

하수가 친 공은 '걱정하는 대로' 날아간다고 한다. 내가 처음 낸 책의 제목은 《마음먹은 대로 된다》다. 생각은 모든 결과물의 시작이다. 모든 일의 결과는 마음, 즉 자신의 생각에서 비롯된다.

PART 4

How-2

생존을 위한
유퍼니 로드맵 26계

1계   자기 진단: 당신의 인생은 몇 점짜리인가?

인생은 수레바퀴와 같다. 당신의 수레바퀴가 잘 굴러가고 있는지 중간 점검을 해보자.

다음 질문지는 필자가 컨설턴트로 참여한 〈2012, 난 몇점 짜리 인생?〉이란 〈동아일보〉특집으로 다룬 자료다. 동기부여가 대런 하디 Darren Hardy의 저서 《The Compound Effect》에 나오는 것을 담당 기자가 번역한 것이다. (내용 일부를 수정해서 소개한다)

● 점검 방법

다음 질문에 1~5점으로 답하세요. 1점은 '전혀 아니다', 5점은 '매우 그렇다'를 뜻합니다. 각각의 점수를 더해 총점을 적으며 점수를 〈나는 어떻게 살았는가〉 시트에 표시해 보면 됩니다.

● 대인관계와 가족

1. 나는 매주 적어도 10시간은 가족들에게 초점을 맞춘다.

2. 나는 매주 적어도 한 번은 친구들과 어울린다.

3. 내 인생에서 완벽하게 용서 못 한 사람은 없다.

4. 나는 좋은 부부, 부모, 친구가 되는 방법을 배우기 위해 열심히 참여한다.

5. 나는 친구나 가족의 성공을 돕기 위한 방법을 열심히 찾는다.

6. 나는 대인 관계에서 갈등이 생겨났을 때는 책임감 있게 행동한다.

7. 나는 함께 살거나 일하는 사람을 쉽게 믿는다.

8. 나는 함께 살거나 일하는 사람에게 100퍼센트 정직하고 항상 열려 있다.

9. 타인에게 헌신하고 남들의 헌신을 칭찬하는 것은 쉬운 일이다.

10. 나는 내 도움이 필요할 때를 알고, 또 꾸준히 도울 일을 찾는다.

총점 (   )

●신체

1. 나는 일주일에 적어도 3회 이상 근력운동을 한다.

2. 나는 일주일에 적어도 3회 이상 심장 강화 운동(조깅)을 한다.

3. 나는 일주일에 적어도 3일 이상 스트레칭 / 요가 등 운동을 한다.

4. 나는 일주일에 하루 정도는 TV를 한 시간 이상 보지 않는다.

5. 나는 매일(음료수 마시는 정도 이상의) 아침을 먹는다.

6. 나는 인스턴트 음식(패스트푸드)을 먹지 않는다.

7. 나는 매일 하루에 30분 이상 밖에서 시간을 보낸다.

8. 나는 매일 적어도 8시간은 방해받지 않는 수면을 취한다.

9. 나는 하루에 1리터 이상의 카페인 음료는 먹지 않는다.

10. 나는 하루에 적어도 물 8잔 이상을 마신다.

총점 (   )

● 비즈니스

1. 나는 그날의 계획을 미리 세워둔다.

2. 나는 목표를 명시해두고 잘 보이는 곳에 두었으며 수시로 리뷰하고 있다.

3. 나는 내가 하는 일을 사랑하며 출근하기 위해 일어나는 일이 즐겁다.

4. 나는 일을 할 때 항상 성취감과 만족감을 느낀다.

5. 나는 내 전문분야의 강점을 키우고 약점을 보완하기 위해 꾸준히 노력한다.

6. 나는 상황이 가능하다면 보수가 없더라도 내 일을 계속하고 싶다.

7. 나는 매일 거의 같은 시간에 가족들과 함께 집에 있다.

8. 내 일은 내년도 내 재정 목표를 달성하는 데 현실적으로 가능한 일이다.

9. 내 일은 10년간의 내 재정 목표를 달성하는 데 현실적으로 가능한 일이다

10. 내일은 타인과의 삶과는 긍정적인 의미가 있다.

총점 (   )

● 재정

1. 나는 완벽하고 세부적인 예산을 세웠고 실패 없이 지키고 있다.

2. 나는 전문적으로 구성하고 다각화한 재정 포트폴리오를 가지고 있다.

3. 나는 매달 내 수입의 10퍼센트 이상을 저축하고 있다.

4. 나는 카드빚이 없다.

5. 나는 6개월 정도 버틸 수 있는 여유 자금이 있다.

6. 나는 내 가치에 완벽하게 맞는 대우를 받고 있다고 느낀다.

7. 나는 내 유서를 써두고 계속 업데이트하고 있다.

8. 유사시 나 없이 생활할 가족에게 필요한 보험에 가입했고 재정 계획이 있다.

9. 나는 은퇴 뒤 계획이 있고 은퇴 뒤 내가 무엇을 하고 싶은지 알고 있다.

10. 나는 내 의도에 맞춰 잘 살고 있고, 무분별하게 돈을 쓰지 않는다.

총점 (　　　　　)

●정신 건강

1. 나는 방향을 제시하거나 영감을 주는 읽을거리를 하루 30분 이상 읽는다.

2. 나는 방향을 제시하거나 영감을 주는 들을거리를 하루 30분 이상 듣는다.

3. 나는 내가 종사하는 분야의 뉴스와 최신 소식을 꾸준하게 듣고 있다.

4. 나는 매일 내 분야에서 쓸 수 있는 교육적인 정보를 찾고 있다.

5. 나는 내가 믿는 멘토가 있다.

6. 내 모든 친구들은 내 삶에 긍정적인 영향을 미치고 있다.

7. 나는 남의 험담을 해본 적이 없다

8. 나는 매일 내 인생의 가장 큰 목표를 되돌아본다.

9. 나는 매일 내가 훌륭했던 점을 되돌아본다.

10. 나는 내 핵심 가치관이나 목적에 맞지 않는 요구나 명령은 항상 거부한다.

총점 (　　　　　)

●라이프 스타일

1. 나는 일 외에 취미를 가지고 있고, 일주일에 3번 이상 취미를 즐긴다.

2. 나는 오페라, 박물관, 영화관 같은 문화 활동을 한 달에 2번 이상은 한다.

3. 나는 업무에 방해 받지 않는 휴가를 1년에 한 번은 간다.

4. 나는 내가 원하는 만큼 가족에게 시간을 할애하고 있다.

5. 나는 내가 원하는 만큼 친구들에게 시간을 할애하고 있다.

6. 나는 새로운 시도와 다양한 경험과 모험을 꾸준히 하고 있다

7. 나는 하고 싶고, 해야 할 일을 할 수 있는 충분한 시간이 있다고 느낀다.

8. 나는 매일 시간을 충분히 이용하며 살고 있다.

9. 나는 매일 몽상에 시간을 쓰고 있다.

10. 나는 매일 매 순간 현재를 살고 있다.

총점 (   )

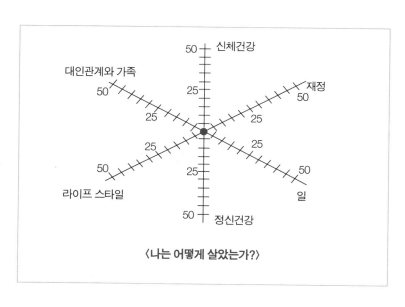

〈나는 어떻게 살았는가?〉

2계 직무 분석: 돌아온 길을 리뷰하라

●
●
●

내가 운영하는 '1인 기업 인큐베이팅' 에 찾아오는 이들을 처음 만나면 물어보는 게 하나 있다. 그 질문은 '나는 ○○○이다' 라는 문장을 채우는 것이다. 자신의 정체성을 스스로 정의하는 것이다. 아주 간단한 이 공식을 푸는 데 대개 참석자들은 난감해 한다. 사람들이 자신을 '브랜드' 로 생각하지 않고, 자신을 삶의 '부속품' 정도로 생각하기 때문이다.

그럼 당신에게 물어보겠다. '나는 ○○○이다' 라는 문장에서 '○○○' 라는 공간에 단어를 넣어 당신에 대한 정의를 한번 내려 보라. 쉽지는 않을 것이다. 이것을 나에게 적용하면 '나는 성공학이다' 아니면 '나는 성공학 교수다' 라고 당당하게 채울 수 있다.

이런 이야기를 하는 이유는 당신이 자신을 압축해서 S-DNA를 끄집어내는 작업을 못하기 때문이다. 가령 당신이 한 기업에서 25년간 인사 업무를 해온 사람이라고 치자. 이런 경우라면 당신은 '나는 인사 업무다'라고 말할 수 있어야 한다. 그런데 당신은 그렇게 못 한다. 바로 여기에 가장 큰 성공의 걸림돌이 있는 것이다.

자, 당신을 한번 리뷰해보라! 자신을 어떻게 정의하고 자신의 정체성을 어떻게 내릴 수 있는지를 말이다. 나는 이런 작업을 '압축화'라고 한다. 압축화란 자신의 인생 깔때기를 통해 자신의 인생의 정수, 즉 DNA를 추출하는 것이다. 마치 들깨를 볶아서 압축기에 집어넣고 압력을 가해 들기름을 얻는 작업과 같다.

당신이 '1인 기업' 즉 '유퍼니'라는 인생 코드로 세상을 열어가려면 이런 압축화 작업을 거쳐야 한다. 혹시 당신은 자기소개서라는 것을 작성해본 적이 있는가?

자기소개서는 지금까지 살아온 자신의 모습을 A4 용지 1장 분량을 담아내는 일인데, 이 일이 바로 압축하는 작업이나 다름이 없다. 이 작업을 통해 당신을 나름 정리해보고 당신을 리뷰 해보았다면 "아하! 나는 ○ ○ ○ 이구나!" 하는 식의 인생 공식을 풀어갈 수 있을 것이다.

압축화 작업을 완료했다면 당신은 유퍼니의 첫 단추를 끼운 셈이다. 그것도 제대로 끼운 것이다. 다음으로 이제 성공 방정식을 구체화하는 작업에 들어가야 한다.

3계   관심 영역: 정답이 아니라 유답이다

●
●
●

　다음은 〈중앙일보〉 백성호 기자가 쓴 '내 삶의 채점 기준'이라는 글이다.

　어찌 보면 인생은 하나의 커다란 문제집입니다. 온갖 상황과 문제들이 페이지마다 담겨 있습니다. 친구 문제, 가족 문제, 교육 문제, 돈 문제, 직장 문제 등 종류도 다양합니다. 그런 문제 앞에 섰을 때 우리는 '정답'만 너무 중시합니다. 정답만 찾고, 정답만 묻고, 정답에만 매달립니다. 문제를 풀다가도 막히면 곧장 답지부터 들춥니다. 우리 사회는 정답이란 결과물을 최고로 치니까요.

　찬찬히 따져보세요. 삶의 정답에는 두 종류가 있습니다. 남이 만든 정답과 내가 만든 정답입니다. 둘은 다릅니다. 달라도 엄청나게 다릅니다. "이 상황에서 제 배역은 슬픈 건가, 기쁜 건가?"라는 물음에 감독이 "기쁜 거다"라고 답했다면 어찌 될까요. 배우는 감독의 정답을 그대로 받아들일 겁니다. 그리고 100퍼센트 기쁜 표정을 짓겠죠. 거기에는 과정이 없습니다. 좌충우돌하는 오답의 과정이 없습니다. 남이 만든 정답만 따라 할 뿐입니다. 그런 배우에게서 슬픔과 기쁨이 버무려져 줄을 타는 표정이 나올 수 있을까요.

내가 만든 정답은 다릅니다. 지혜로운 감독은 "직접 생각해 보라"고 말합니다. 직접, 그건 인류사에서 수천 년간 내려오는 교육법의 핵심 키워드입니다. 가령 아이에게 방 청소를 시켜 보세요. 처음에는 청소기도 제대로 못 돌리고, 걸레질도 제대로 못 합니다. 청소를 했다는데 방은 여전히 먼지투성이입니다. 이때가 중요합니다. 마음 급한 부모는 "됐어. 이리 줘. 대체 제대로 하는 게 뭐야!"라며 자신이 직접 해치웁니다. 다시 기회를 주지 않습니다. 왜 그럴까요. '깨끗한 방'이라는 정답만 중시하기 때문입니다.

지혜로운 부모는 다르죠. 기다립니다. 깨끗한 방이 정답이 아니니까요. 방을 깨끗하게 치울 수 있는 아이의 힘이 정답입니다. 그 힘은 한 번에 길러지지 않습니다. 좌충우돌과 시행착오를 거쳐야 합니다. 그걸 반복하며 아이는 청소기와 걸레, 그리고 먼지의 촉감과 성질을 조금씩 알아차리는 겁니다. 걸레를 빨고, 빗질을 하면서 사물을 접하고 이치를 터득하는 겁니다. 그게 아이의 근육이 됩니다. 그때는 깨끗한 방이 정답이 아닙니다. 아이의 시행착오가 정답입니다. 마음 급한 부모가 보는 오답이 그때의 정답입니다.

천의 얼굴을 가진 배우도 똑같습니다. 그는 숱하게 묻습니다. 슬픈 걸까, 아니면 기쁜 걸까. 그렇게 오답의 언덕을 넘고, 또 넘다가 스스로 키우는 겁니다. 천의 얼굴이 아니라 천의 얼굴을 만드는 근육을 말입니다. 정답이 아니라 정답을 만드는 힘을 말입니다. 그런 힘이 진짜 정답이 아닐까요. 빨간 색연필을 들고서 다시 물어봅니다. 인생에서 내 채점 기준은 뭔가. 정답이 정답인가, 아니면 정답을 만드는 힘이 정답인가.

나는 인생은 정답을 찾는 게임이 아니라 해답을 찾는 과정이라고 본다. 그래서 이젠 정답에서 해답으로, 그리고 궁극엔 유(You)답으로 가야 한다. 내가 《주식회사 나》라는 책을 발간하고 1인 기업가의 길을 가는 것도 이런 맥락에서다. 그래서 '프리랜서 → 유잡 → 1인 기업가 → 날리프레너 → 유퍼니' 로 진화하고 있다.

★ YouPany 공식 ★

● Who Am I=?

1. 내가 최선을 다 할 때는 _____ 이다.

2. 내가 최악의 상태일 때는 _____ 이다.

3. 나는 _____ 일 때 가장 행복한 편이다.

4. 나는 _____ 한 사람이 되고 싶다.

5. 나는 경제적 그리고 시간적이 연유가 되면 꼭 하고 싶은 것은 _____ 이다.

6. 무엇인가 하고 싶은 열정이 솟는 때는 _____ 이다.

7. 내가 가장 잘하는 것은 _____ 이다

8. 나의 타고 난 자질을 _____ 이다.

9. 나에게 가장 소중한 것은 _____ 이다.

10. 내 인생 목표는 _____ 이다.

● 10 & 10

잠시 시간을 내어 당신에게 집중해보라. 그리고 지금부터 10분 동안 떠오른

생각을 담아보라. 지금부터 10분간 글로 써내려가라. 형식은 없다. 편지도

좋고 독백도 좋고 묘사도 좋다. 당신의 생각을 토해내면 된다.

● 우선순위 찾기

당신의 인생에서 가장 소중하다고 생각하는 것을 10가지 적어라. 주변을 의

식하지 말고 솔직하게 기술해가라. 그리고 우선순위를 정해보라.

-- ( )

-- ( )

-- ( )

-- ( )

-- ( )

-- ( )

-- ( )

-- ( )

-- ( )

4계   성공 DNA 추출: 당신의 S-DNA를 찾아 나서라

●
●
●

  사회생활을 하면서 만나는 이들 중에 소위 착한 사람이란 말을 듣는 이들이 있다. 대개 사람들은 사람들이 착하고 겸손하면 좋은 것으로 착각을 하는 경우가 많다. 그런데 내 생각은 좀 다르다. 만약 주변에서 당신을 착하고 겸손한 사람이라고 평가한다면 현상만 보지 말고 본질을 읽어내야 한다. '착하다', '겸손하다'는 평은 역량이란 측면에서 보면 '자신감이 없다'거나 '그 사람만의 무엇' 즉 '경쟁력이 없다'는 말과 같다.

  직장인이라고 해도 다 같지 않다. 거기엔 나름 구분이 있고, 나아가 격이 있다. 그렇다면 그 구분과 격의 차이는 무엇일까? 바로 자신만의 인생 주제, 즉 콘셉트의 유무라고 생각한다. 나는 이것을 'S-DNA'라고 부른다. S-DNA란 'Self DNA' 또는 'Success DNA'의 약자로 성공을 위한 자산을 말한다. 다른 말로는 '인생의 코드'라고도 할 수 있다.

  당신이 유퍼니를 시작하는 첫 관문은 S-DNA를 재구축하는 것이다. 즉 "과연 나는 어떤 자원으로 세상과 싸울 것인가?"를 고민하는 일부터 시작한다. 도대체 나는 무엇을 갖고 이 치열한 전쟁터 같은 세상에 나갈 것인가를 정하는 것이다. 즉 내 주특기가 보병인지 공병인지, 아니면 특공대인가 전차병인가 하는 것을 정하는 일이다.

그런데 이런 것을 정하라고 하면 대개는 어려워한다. 그렇다고 걱정을 할 필요는 없다. 당신이 직장인이라면 가장 손쉬운 것은 당신이 회사생활을 해오면서 '가장 오랫동안 지속적으로 한 일'이면 된다. 누구나 이런 트랙은 갖고 있다. 이 트랙에 관심을 쏟을 필요가 있다. 그런데 이 시점에서 중요한 것은 당신이 달려온 트랙 중에서 '당신이 가장 좋아하는 것'이 아니라 '당신이 그 누구보다 가장 잘할 수 있는 것'에 초점을 맞추어야 한다.

★YouPany 공식

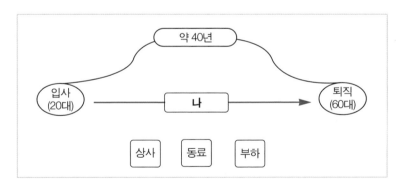

내 경우를 보면 직장생활 20여 년간 달려온 업무는 'HRD(인재개발)'와 'PR(홍보)' 업무 두 트랙이었다. 나는 이 트랙 중 나름 애정이

가고 남다른 능력을 발휘했던 트랙은 'HRD' 분야였다. 이건 그 누구보다 경쟁력을 갖고 해왔다고 자부한다. 그러니까 나는 그 누구보다 가장 잘할 수 있는 것, 즉 교육 업무의 길을 택해서 '강사'라는 1인 기업가의 길을 가고 있는 것이다.

> **★YouPany 공식 ★**
>
> 당신이 하고 싶거나 당신이 좋아하는 것을 하는 게 아니라 당신이 그 누구보다 잘하는 것에 집중해야 한다. - 이내화 -

이런 작업을 나는 '파생 직업화'라고 부른다. 파생 직업화란 자신이 해오던 일을 인생 후반전의 직업으로, 즉 유퍼니로 구성해가는 작업이다. 그런데 대개 직장인들은 퇴직이나 은퇴를 하면서 이런 파생 직업화 과정을 밟지 않는다. 이들은 자신들이 달려온 트랙에서 벗어나 전혀 생소한 사업의 길을 걷게 되는데 여기에 보이지 않는 문제가 생긴다.

여러분도 직장생활을 하면서 한두 번 정도 이런 생각을 해보았을 것이다.

'에이! 다 때려치우고 홍대 앞에 카페나 차릴까?'

'그래, 대출 좀 받아서 편의점이나 해보자.'

'난 조직생활이 맞질 않아. 이참에 장사나 할까?'

물론 이런 생각은 나도 해보았다. 대개 직장인들은 무엇인가 풀리지 않으면 그 원인을 자신의 생각이나 태도내적 요인에서 찾지 않고 주어진 환경이나 여건외적 요인으로 돌리기 십상이다. 즉 내 탓이 아니라 남 탓이라는 것이다.

특히 젊은 직장인이라면 '내적 요인'에 관심을 갖지 않고 '외적 요인'으로 눈을 돌려 나름 합리화를 한 다음 해결책을 찾는다. 그 해결책이란 자기 사업이다. 그래서 이들은 젊은 탓에 사업에 시야를 돌리고 무척이나 해보고 싶어 한다. 결국 자신이 중심이 되어 자신이 생각한 것을 자신의 것으로 시현해보려고 한다. 물론 다 그렇다는 건 아니다.

자, 이쯤 해서 '사업'이란 단어에 집중해보자. 다 그런 것은 아니지만 실패할 확률이 매우 크다고 본다. 한 전문가의 말을 빌리면 흔히 말하는 사업, 즉 자영업은 3년 안에 50퍼센트 정도가 '業死'가 되는 것으로 밝혀졌다. 왜 이런 현상이 나타나는 것일까?

《총각네 야채가게》로 성공해서 세상의 이목을 끌어모은 사업가 이영석 씨가 언젠가 예능 프로에 나와 이런 말을 했다.

"창업을 한 사람으로서 꼭 드리고 싶은 말씀이 있습니다. 우선 창업을 하는 것을 반대합니다. 가능한 안 하셨으면 합니다. 그런데도 굳이 하시겠다면 꼭 해야 할 일이 있습니다. 여러분이 하시고자 하는 분야에서 먼저 그 일을 해보신 분을 꼭 만나서 물어보라는 것입니다. 앞서간 이들의 이야기를 들어보시라는 말입니다."

창업을 하는 것에 조심스럽게 접근해야 한다면 무엇을 해야 하나?

모든 것을 당신 자신이 풀어야 한다. 내가 운영하는 'I-COOK 業 과정'에 참가해서 코칭을 받는 분 중에 대기업 중역 출신인 H씨가 있다. 그가 나를 찾은 건 "도대체 나는 누구인가?"라는 의문에서 비롯되었다. 다들 부러워하는 명문대를 나와 대기업 상무까지 오른 그는 왜 이런 질문을 했을까? 그건 바로 '나는 ○○○이다'라는 정체성 방정식을 풀지 못하기 때문이다. 나는 이런 고민을 하는 H씨에게 다음과 같은 질문을 던짐으로써 인생 트랙을 열어주었다.

★YouPany 공식 ★

● 나만의 트랙 찾기

1) 당신이 늘 하는 이야기는 무엇인가?

2) 친구를 만나서 마치 사업가처럼 장황하게 늘어놓는 이야기는 무엇인가?

3) 늘 머릿속에 맴도는 화두는 무엇인가?

4) '언젠가 여건이 되면 꼭 하고 말 테다' 하는 일이 있다면 무엇인가?

5) 남이 하는 일 중 '어! 내가 하려고 했는데……' 하고 생각한 일이 있다면 무엇인가?

6) 당신이 어렸을 때 한번쯤 해보고 싶었던 일은 무엇인가?

7) 당신이 그 누구보다도 잘 할 수 있는 일은 무엇인가?

8) 당신이 날밤을 새고도 당당하게 할 수 있었던 일은 무엇인가?

9) 당신이 생각하기에 늘 좋아하고 가슴에 품고 있었던 생각은 무엇인가?

10) 당신이 세상 사람들에게 알려지고 싶은 분야가 있다면 무엇인가?

이런 질문을 스스로 해보면 당신이 S-DNA로 풀 수 있는 트랙이나 영역을 구축할 수 있다. 나도 역시 이런 과정을 밟았다. 이 작업은 당신의 코드, 즉 성장 엔진을 찾는 일이다. 말하자면 1인 기업가가 될 수 있는 '땅'을 찾는 일이다. 땅을 찾아야 그곳에 집을 짓고, 그 집에 당신 이름 석 자로 문패를 달 수 있다. 나 → 성공 방정식 → 인생 주제 → 비전 → 성공 인생 으로 가는 유퍼니 스텝을 밟는 작업이다. 다음 스텝으로 당신의 콘셉팅 사전 작업을 해보자,

---

★YouPany 공식 ★

● You Pany 스텝

내가 가장 좋아하는 색 깔은: --------------------------------

내가 가장 갖고 싶어 하는 자동차는 : -----------------------

내가 가장 잘 먹은 음식은 : ------------------------------------

내가 말하는 나의 품성은 : -------------------------------------

가장 존경하는 인물은 : ---

좌우명처럼 말하는 인용 구절은 : ----------------------------

살면서 꼭 해보고 싶었지만 아직껏 못한 것 한 가지 있다면: -----------

죽기 전에 꼭 한번 대화해 보고 싶은 사람은 (역사적인 인물이나 실존인물) :

5계   시장 조사 : 태도와 행동을 위한 체크리스트는 없다

미국 일리노이대학에서 재미있는 실험을 했다. 이 대학 농구팀 선수를 A, B, C의 세 그룹으로 나누어 A그룹에게는 한 달 동안 슛 연습을 시키고, B그룹에게는 한 달 동안 슛 연습을 시키지 않았다. C그룹에게는 숙소에서 마음속으로 연습하는 장면을 상상하도록 했다. 그래서 C그룹은 매일 30분 동안 자신이 직접 공을 던져 득점하는 장면을 마음속으로 그렸다. 이른바 '이미지 트레이닝'을 했던 것이다.

한 달 뒤 세 그룹의 슛 득점률을 테스트했다. 그런데 뜻밖의 결과가 나왔다. 매일 체육관에서 실제 연습을 한 A그룹은 슛 득점률이 25퍼센트 향상했다. 전혀 훈련을 하지 않은 B그룹은 아무 진전이 없었다. 마음속으로 득점 장면을 그린 C그룹은 A그룹과 같은 향상을 보였다고 한다.

이런 작업을 나는 '시각화(Visualization)'라고 부른다. 시각화란 무한한 자원인 상상력을 이용하는 것이다. 당신이 아직 일어나지 않은 상황 속에 처해 있다고 가정하고, 당신이 원하는 것을 갖고 있고, 원하는 일을 하고 있고, 또 바라는 바를 달성한 것처럼 미리 마음속에 그려보는 작업이다. 미래에 성공한 자신을 미리 그려봄으로써 자기 동기부여를 강력하게 유발하는 것이다. 한마디로 말해 시각화란 당신이 제작할 '성공 인생'이란 영화의 예고편이라고 보면 된다.

시각화는 이렇듯 마음속으로도 할 수 있지만, 당신의 성공한 모습을 상징하는 그림이나 사진을 통해서도 가능하다. 당신이 시간을 가장 많이 보내는 장소에 당신의 비전을 함축해서 표현할 수 있는 그림이나 사진을 번듯하게 걸어 보라. 가령 도약을 원하면 높이뛰기 선수의 사진을, 전원생활을 원하면 그럴듯한 전원주택 사진을, 큰 사옥을 소유하고 싶으면 유사한 빌딩의 사진을, 국내 최고의 CEO가 되기를 원하면 당신이 존경하는 CEO의 모습을 담은 사진을 걸어 놓는다.

특히 목표를 글로 써서 그것을 시각화를 하면 다음과 같은 이점이 있다.

첫째, 목표나 꿈을 글로 쓰면 시간이 절약된다. 분명한 목표를 지니게 되어 쓸데없는 행동에 시간을 허비하지 않게 된다.

둘째, 글로 쓴 목표는 가치에 대한 신념을 심어준다.

셋째, 글로 쓴 목표는 한곳에 집중할 수 있게 해준다.

넷째, 글로 쓴 목표는 만족감과 자부심을 높여준다.

다섯째, 글로 쓴 목표는 자신이 하는 일에 대한 기대를 낳는다.

여섯째, 글로 쓴 목표는 훌륭한 결정을 내릴 수 있도록 해준다.

일곱째, 글로 쓴 목표는 갈등을 줄여준다.

여덟째, 글로 쓴 목표는 최고의 자신감을 준다.

지금은 경제 위기 시대다. 남들과 똑같이 해서는 버틸 수 없는 것이 현실이다. 남보다 더 유치해질수록 당신이 성공할 가능성은 커진다. 시각화를 통해 비전을 명확하게 하고 그 비전이 자신의 생각에 힘을 주고, 행동에 기를 주고, 삶에 활력을 불어넣을 수 있다.

다음은 내가 만든 성공 공식이다.

'성공 = 태도 × 행동'

성공은 태도(Attitude)와 행동(Action)의 산물이다. 목표에 대한 태도가 좋을수록(↑), 목표 달성을 위한 행동이 좋을수록 좋은 결과 즉 성공할 가능성이 높다 . 역으로 말하면 이 두 요인 중 한 가지라도 부실하면 결과가 좋지 않고 그만큼 성공할 가능성이 희박하다.

이 성공 공식의 두 요인인 태도와 행동을 변수로 하여 'I Can Do 체크리스트'를 만들어보았다. 당신의 업무나 삶에 대한 태도는 어느 정도인지 체크해보자.

체크리스트 : '나는 어떤 형인가?'

(체크 방법: 태도 부문과 행동 부문의 각 문항을 읽고 '예/아니오' 로 답을 한 뒤 각 부문별로 '예' 라고 답한 경우를 각 1점으로 계산하여 다음 표(1)에 자신 점수를 그래프상의 태도 축과 행동 축에 표시한다

■ 태도 측면 --

1) 인생의 목표를 글로 써서 갖고 있다. (예, 아니오)

2) 목표 달성 시한이 명확하다. (예, 아니오)

3) 누가 뭐라고 해도 꼭 해내고야 말겠다는 용기와 의지가 있다. (예, 아니오)

4) 자신이 어디에 서 있는지 항상 생각하고 있다. (예, 아니오)

5) 10년 뒤의 패러다임 시프트를 항상 생각한다. (예, 아니오)

6) 누구한테 언제든지 목표를 자신 있게 말할 수 있다. (예, 아니오)

7) 내가 되고 싶은 것을 머릿속으로 그릴 수 있다. (예, 아니오)

8) 나는 생각한 대로 된다고 생각한다. (예, 아니오)

9) 나는 긍정적 사고를 하는 사람이다. (예, 아니오)

10) 나는 가치 있는 사람이다. (예, 아니오)

11) 나는 남보다 앞서가는 사람이 될 자신이 있다. (예, 아니오)

12) 3년, 5년, 10년, 15년, 20년 뒤의 내 모습을 말할 수 있다. (예,아니오)

13) 다른 사람들의 평가나 평판에 민감한 편이다. (예, 아니오)

14) 저 사람만큼 실력을 쌓겠다고 목표로 삼고 있는 사람이 있다.(예, 아니오)

■ 행동 측면 --

1) 목표 달성을 위해 꾸준히 행동한다. (예, 아니오)

2) 나만의 전문 분야를 갖기 위해 노력하고 있다. (예, 아니오)

3) 미래를 차근차근 준비하고 있다. (예, 아니오)

4) 내가 하고 있는 일에 애정을 갖고 있다. (예, 아니오)

5) 외국어, 특히 영어를 유창하게 구사할 수 있다. (예, 아니오)

6) 새로운 정보 습득에 많은 시간을 투자한다. (예, 아니오)

7) 시간관리 수첩을 사용한다. (예, 아니오)

8) '나=브랜드' 라고 생각하고 관리한다. (예, 아니오)

9) 튼튼한 몸을 유지하기 위해 규칙적으로 운동을 한다. (예, 아니오)

10) 색다른 취미 활동을 한다. (예, 아니오)

11) 나만의 휴먼 네트워크(ㅅ프라)을 구축하고 있다. (예, 아니오)

12) 1주일에 적어도 책을 1권 이상 읽는다. (예, 아니오)

13) 무엇인가 배우는 데 주당 4시간 이상 투자한다. (예, 아니오)

14) 매일 자기 계발을 위한 나만의 시간을 갖고 있다. (예, 아니오)

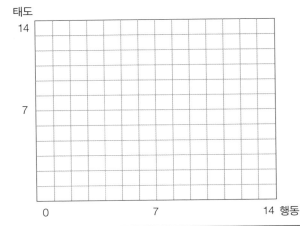

● 들이대형

-태도(11~14)

-행동(10~14)

● 서성대 형

-태도(7~8)

-행동(7~8)

● 하바드대 형

-태도(2~6)

-행동(9~13)

● 하와이대형

-태도(10~14)

-행동(3~6)

● 방콕대형

-태도(3~6)

-행동(3~6)

■ 해설

● 들이대 형 --

태도도 최고, 행동도 최고인 스타일. 인생에서 가고자 하는 방향이 뚜렷한 사람이다. 자신감과 신념으로 똘똘 뭉쳐 있다. 매사 긍정적인 사고와 도전적인 자세로 삶을 이끌어가는 사람이다. 조직 내에서는 '핵심 부품형' 으로 그 존재 가치가 확실한 사람이다. 또한 최대한 능력을 발휘하여 조직의 부가가치를 창출해내는 스타로서 인정받는 그야말로 진짜 인재(人財)다. 주변 사람과 호흡을 맞춰 '윈-윈' 사고를 키우면 성장가도를 달릴 수 있다.

● 서성대 형 --

태도와 행동이 중간 정도로 성취하고자 하는 욕심도 있고, 자신감도 있는 편이다. 그러나 인생에서 가고자 하는 방향을 확실하게 잡지 못하고 갈팡질팡한 절충형 스타일. 욕심은 있어 무엇을 하겠다고 호언장담하지만 항상 말만 앞서고 행동이 뒤따라 주지 못하는 게 흠이다. 대부분의 평범한 비즈니스맨이 이런 유형이다. 흔히 이런 사람들은 인재(人在)라고 한다. 좀 더 자신감을 갖고 인생에서 달성하고자 하는 목표를 명확히 하는 게 급선무다. 'Differentiate or Extinct!' 를 명심하라. 자신만의 독특한 색깔과 끼를 살리는 데 주력하면 좋은 결과를 가져올 수 있다.

● 하바드대 형 --
'하바드대' 란 대학이 아니다. 행동을 묘사한 것으로 하루 종일 바쁘게 드나드는 것을 말한다. 행동은 최고지만 태도가 따라주지 않아, 즉 의욕이 없어 행동이 앞서는 스타일. 가고자 하는 목표 설정도 없이 무작정 하고 보는 막무가내 형이다. 이렇다보니 실속이 없는 삶을 꾸려 가는 형국이다. 열심히 일하지만 자신만의 독특한 경쟁력이 없어, 즉 전문 분야가 없어 두각을 나타낼 수 없다. 조직에서 보면 황소와 같은 형으로 열심히 하지만 성과를 제대로 내지 못하는 인재(人材)다. 전문분야를 확실히 하는 게 필요하다.

● 하와이대 형 ---
하와이대란 하루종일 와이프 옆에 있는 이를 말한다. 태도 좋고 가고자 하는 목표도 있는데 행동이 뒤따라 주지 않는 형이다. 이른바 작심삼일형. 매년 거창한 계획을 세우고 성공해야지 다짐하지만 며칠 못 가 용두사미처럼 행동이 지리멸렬해지는 스타일이다. 능력은 있지만 행동으로 옮기는 실천력과 지속적인 행동이 없어 성과가 나질 않는다. 조직에선 '곰' 같은 형으로 재능과 능력은 있으나 즉시 업무에 투입하기 어려운 사람이며 아직 다듬어지지 않는 재목인 인재(人載)다. 이런 유형에게는 'Just Do It' 이라는 성공 DNA를 수혈해야 한다. 즉 일단 하고 보는 습관을 키워야 한다.

●방콕대 형 --

방콕대란 방에 콕 처박혀 있는 이를 말한다. 태도와 행동 둘 다 최저인 스타일. 의욕도 없고, 자신감도 없는 사람이다. 이렇다 보니 매사 흥이 나질 않고 늘 '비·비·불'을 끼고 산다. 즉 비평, 비난, 불평을 많이 한다. 모든 걸 남의 탓으로 돌리는 형이다. 제품 보호라는 목적 외에는 쓰일 데가 없는 일회용 스티로폼에 비유할 수 있다.

이런 유형은 하루 빨리 인생의 목표를 정해야 한다. 다음엔 '탈 일회용'을 위해 자기계발에 힘써야 한다. 조직에서는 '고목' 형으로 문제만 일으키는 재앙 거리로, 있어서는 안 될 인재(人災)다. 발상의 전환이 필요한 사람이다. 과감한 구조조정을 해야 한다. 무엇이든지 긍정적으로 보고 작은 것부터 시작해 보는 게 필요하다.

6계   성공 역할모델 찾기: 응답하라, 내 인생

다음은 내 제자인 S군의 이야기다. 한 젊은 청년이 스승의 가르침을 받으면서 우직하게 성장하는 과정이다. 이 친구는 바보(?) 같은 짓으로 큰 성취를 이룬다. 성공하는 바보들은 대개 평생 바보짓을 한다. 그들이 가는 길은 대략 6구간으로 되어 있다. 나는 이것을 '6-Me 로드맵'이라고 부른다.

Think Me → Know Me → Focus Me → Show Me → Be Me → Star Me

이들은 이 길을 가면서 자신의 스토리YouTory로 역사를 만들어간다.

● Think Me 〈첫 만남!! First Turning Point〉

대전에서 올라온 신입생 S군. 입학 후 자신감 결여, 의욕 없는 모습 - 몸무게 90킬로그램의 뚱뚱하고 어깨가 축 쳐진 패션 감각 없는 모습, 불확실한 미래에 대한 불안, 수업시간 소극적인 학생이다.

1학년 1학기를 힘겹게 마치고 2학기에 L교수의 성공학개론 수업을 듣게 된다. 첫 시간, L교수는 다른 교수들과는 달리 재미있고 활력 있는 강의를 한다. 자신을 '골 때리는' 교수라고 소개하면서 골 goal 때리는 사람들을 특히 좋아한다는 이야기를 한다. 첫 수업 막바지에 "삶Life 속엔 '만일~한다면' if 가 숨어 있다"는 이야기와 함께 인생은 마음먹기에 달려 있다는 메시지에 S군은 왠지 모를 전율을 느낀다.

●Know Me 〈위기-Second Turning Point〉

몇 주 뒤 S군은 과에서 뽑는 교직이수 선발에서 떨어져 낙심하고 휴학한다. 1학년 1학기 때의 성적이 좋지 못한 탓이었다. 낙심된 S군 죄송한 마음으로 교수님을 찾아간다. "교수님 저 휴학 했어요…" 교수님은 놀라며 "갑자기 왜 휴학했니?" 한다.

S군은 "힘든 일이 있고, 특히 교직이수과정에 선발되지 않아서 휴학하게 되었다."고 변명한다. 교수님은 "휴학하고 특별히 계획이 있니?"하고 물어본다. S군 "이제 생각해 보려고 해요."라고 대답한다.

교수님은 크게 꾸짖으며 "아무 계획도 없이 휴학하는 어리석은 짓은 다시는 하지 말아라!!"고 이야기한다. "성공한 사람들을 많이 만나보라"는 격려와 함께 프랭클린 플래너라는 시간관리 수첩 이야기와, 성공하는 사람들은 7 to 117시 출근 11시 퇴근한다는 이야기로 S군에게 도전을 준다.

●Focus Me 〈큰 도전-Third Turning Point〉

2학기가 되어 복학한 S군은 인사를 드리러 교수님을 찾아간다.

수업시간에 교수님은 목표가 명확한 사람이 성공한다는 내용과 목표를 명확히 하기 위해 목표의 시각화Visualization를 이야기한다. S군은 화이트보드를 이용해 주간단위로 목표와 꿈을 적고 실천하는 내용에 도전을 받는다. 교수님은 교회에 열심히 다니고 하나님을 잘 믿는 사람들 중에 행복한 사람들이 많다는 이야기를 한다. 구하는 대상주님-하나님이 분명하기 때문에 믿지 않는 사람보다 목표가 명확한 사람들이 많기 때문이다. 교회에 다니지만 하나님을 깊이 믿지 않았던 S군은 교수님의 이야기에 큰 도전을 받는다.

● Show Me 〈지속적인 성장의 시작-The beginning of continuing growth〉

한 해가 지나고 이제는 더 이상 예전의 자신감 없던 S군이 아니다. 주도적이고 성실하고 열심히 하는 학생이다. 플래너를 통한 시간관리와 명확한 목표의식 그리고 무엇보다도 하나님을 깊이 의지하고자 하는 그런 학생이다. S군은 다시 성적 장학금을 받는다. S군은 100여 가지의 골든리스트Goldenlist를 새롭게 작성한다. 새로운 골든리스트에는 '세상에 없는 것 한 가지 이상 계발하기', '선교봉사단체 지원', '대학교 세우기', '명예로운 일로 신문기사 1면 장식하기', '스티븐코비 박사님 만나기', '해외대학 교환학생 다녀오기', '다독상 수상' 등이 있다. 꿈Vision을 업그레이드시킨 S군 지속적인 성장을 시작한다.

● Be Me 〈꿈의 성취 그리고 더 큰 꿈의 소망-The achievement of

Vision & Dream Big Dream〉

비전을 업그레이드시킨 S군은 지속적인 꿈의 성취를 이루어낸다. 학교에서 성적이 좋은 사람 몇몇에게만 주는 학업우수상을 받고 Dean's List에 오르게 되고, 외부 단체에서 장학생으로 교육약 100만 원 정도의 교육을 무료로 받게 되었으며, 다독상을 수상했고, 해외대학에 교환학생으로 다녀오고 그곳에서 스티븐코비 박사님을 1대1로 만나는 등의 꿈을 이루었다.

많은 성취와 성공 속에서 S군에게 운도 따랐다. 그렇지만 그것이 단순한 운이 아닌 비전을 가슴에 품고 그것을 믿고 노력한 사람에게 주어지는 운일 것이다. S군은 그것을 믿었다. S군은 하나님이 만든 섭리와 자연의 법칙을 믿었고 그것에 따라서 이루어진 것임을 믿는다. 실제로도 S군의 주변에는 그보다 더 대단한 능력을 가진 사람들과 더 큰 성취를 이룬 사람들이 많다. 그래서 S군은 특히 하나님에게 감사하고 도움주신 교수님들과 지인들에게 감사한다. 그리고 더 큰 꿈들을 소망한다. Dream Big Dream!!

●Star Me

성공하는 바보들의 공통적인 좌우명이 있다. 바로 'SSKK' 다. '시키면 시키는 대로 하고, 까라면 깐다' 다. 이 학생 역시 이 강령을 그대로 지켜간 것이다. 남들이 보기엔 정말 한심하고 바보 같은 짓일지도 모른다. 그런데 바보들은 주위의 시선이나 손가락질을 보지 않는다. 자신만의 장미꽃을 얻기 위해 끊임없이 땅을 판다.

7계   역할모델 만나기: 일단 두드려라

나는 강의장에서 만나는 사람들에게 자주 이렇게 묻는다.

"혹시 인생의 꿈이 있으세요?"

그러면 보통 사람들은 '아니, 이 나이에 꿈은 무슨……' 하면서 말끝을 흐리기 일쑤다. 그러면서도 '뭐 돈도 없고……', '더군다나 시간도 없고……' 등의 말꼬리를 붙인다. 그런데 재미있는 것은, 이런 대답을 하는 사람들의 표정에서 꿈에 대한 허기라고 할까 아니면 갈증 같은 것이 느껴진다는 것이다.

나는 이런 사람들을 만나면 '내가 …지만' 리스트를 만들어보라고 한다. '내가 …지만'은 '4가지만'이 아니다. 가령 '내가 나이는 많지만', '내가 지금 돈은 없지만', '내가 지금은 공부를 못하지만', '내가 시간은 없지만', '내가 외모는 좀 떨어지지만', '내가 몸이 외소하지만' 하는 식이다.

'내가 …지만'이라는 부분에서 자신에 대한 현실을 분석하고 나서, 그 다음에 붙이는 말이 정말 나의 마음을 잘 드러내는 셈이다. 이 리스트를 만들어보는 것은 그저 꿈에 대한 허기나 갈증을 묻어두라는 것이 아니라 마음속에 불씨 하나를 지니기 위해서다.

나는 전형적인 '아침형 인간'인데, 이 직업을 갖기 전에는 그렇지 않았다. 아침잠이 아주 많았다. 이렇게 된 데는 이유가 있다. 직업상 아침에 강의를 해야만 했다. 아침 강의가 8시에 시작된다고 하면 몇 시에 일어나야 할까? 적어도 5시 반 경엔 기상해야 한다. 일찍 일어나야 하니 자연스럽게 아침형 인간이 될 수밖에 없었다.

이런 현상을 나는 '과녁 증후군'이라고 한다. 과녁 없이는 명중을 할 수가 없다. 즉 목표 없이는 성취가 있을 수 없다.

결국 우리가 잘 놀지 못하고 잘 쉬지 못하는 이유는 내 인생에서 맞출 과녁, 즉 자신의 꿈이 없기 때문이다. 이런 탓에 매우 무기력해지고 삶의 활력이 없어지는 것이다. 반대로 과녁이 있으면 어쨌든 움직이게 되어 있다. 그러니까 잘 놀 줄 모르는 이들은 지금이라도 당장 자신의 잠자고 있는 '꿈 찾기'에 나서야 한다. 마치 어릴 적에 본 만화영화 〈엄마 찾아 삼만리〉처럼 말이다.

그렇다면 '내 꿈 찾아 삼만리'는 어떻게 하는 것일까?

다음 4가지 질문에 대한 답을 생각해보라.

1) 당신의 꿈은 무엇입니까? 생각나는 대로 써보세요.

2) 그 중 가장 간절한 꿈 하나를 정하세요.

3) 그 꿈이 이루어질 거라고 몇 퍼센트 확신하고 있습니까?

4) 100퍼센트 확신하는 게 아니라면 그 이유는 무엇입니까?

아마 이런 질문을 한번 해보면 그동안 묻어 놓았던 꿈이 아련히 나타날 것이다. 그 꿈을 이루기 위해서 무엇을 해야 할까? 앞서 말한 것처럼 과녁을 만들어야 한다. 화살로 맞출 곳을 정하는 것이다. 나는 이것을 'Do Dream 7'라는 질문 세트로 만들었다. 이것을 소개하겠다.

★ YouPany 공식 ★

● Do Dream 7

1) 앞으로 1년밖에 못 산다면 무엇을 하고 싶은가?

2) 만약 복권에 당첨되어 큰돈이 생기면 무엇을 하고 싶은가?

3) 항상 해보고 싶었는데 자신이 없어 못해본 것이 무엇인가?

4) 일단 시작하면 시간 가는 줄 모르고 집중할 수 있는 일은 무엇인가?

5) 나에게 만족감과 자부심을 주는 일은 무엇인가?

6) 살면서 가장 중요하고 의미 있는 가치는 무엇인가?

7) 절대 실패하지 않는다는 가정 하에 꼭 하고 싶은 일은 무엇인가?

8계   내 DNA 구축하기: 당신의 성공 방정식을 풀어라

●
●
●

성공 인생을 부르는 비장의 무기라고 할 수 있는 좋은 '성공 방정식'에 대해 알아보자. 성공 방정식이란 나 자신이 외부의 경쟁자를 물리치고 경쟁우위를 차지할 수 있다거나 차별화를 통한 자기만의 성공 엔진을 갖는 것을 의미한다. 자기 안에 있는 모든 부정적 요소를 잠재우고 좋은 긍정의 에너지를 뽑아내어 그것에 집중하는 것이다.

당신이 인생에서 주제를 정할 때 성공 방정식은 성장 엔진 역할을 한다. 그런데 많은 직장인들이 이러한 인생의 선택 중 가장 중요한 '무엇을 하며 살 것인가?'라는 고민을 진지하게 생각하지 않는다. 자기가 무엇을 하면서 살겠다는 의지를 갖는 것은 자기 존재 가치를 한 단계 올리고, 이를 통해 자아실현이라는 개인의 성장과 성취감을 얻는 과정이다.

좋은 성공 방정식이란 무엇인가? 간단한 공식으로 표현하면 '나＝○○○'의 꼴이 된다. 이러한 정의 값이 나오려면 자기만의 성장 엔진을 찾아 다시 내면화하는 작업이 필요하다. 인생의 큰 주제는 기본적인 자질과 수용성에, 자기 자신만의 성공의 방정식이 곱해지고 이를 힘차게 추진할 수 있는 추진력으로 크게 나누어 볼 수 있다. 여기서 주목할 사항은 바로 '콘텐츠' 다. 이것은 자기 자신의 성공 방정식 DNA가 된다. '나는 ○○○이다' 에서 '○○○' 에 해당되는 것을 말한다. '○○○' 은 자신의 핵심 능력인 동시에 색깔이 된다. 지식 정보화 사회로 갈수록 이것의 중요성은 더욱 중요하다. 이것에 의해 제품과 서비스의 질적인 부분에 크게 영향을 줌으로서 부가가치가 틀려 지기 때문이다.

　하드웨어보다는 소프트웨어가 중요하다. 좋은 성공 방정식은 이러한 콘텐츠를 얼마나 잘 만들어 정의하느냐에 달려 있다. 콘텐츠는 또한 비즈니스 모델로서 이익을 만들어 내는 중요한 요소다. 콘텐츠를 정의할 때 중요한 결정적인 요소는 다음과 같다.

★ YouPany 공식 ★

- 학습 능력이 다른 것보다 탁월한 것
- 자신이 재미있어 하는 것
- 평생 동안 하고 싶은 일
- 꼭 되고 싶은 일
- 남들이 잘한다고 칭찬하는 것
- 어렸을 때나 지금 꿈을 꾸고 있는 것
- 입버릇처럼 자주 하는 것이나 주로 하는 행동 특성
- 자신의 핵심 감정이나 핵심 능력

좀 더 높고 구체적인 목표 설정을 위해 성공 방정식을 자세히 정의하면 좋다. 수치화하고 정량화 된 목표 값을 성공 방정식의 DNA 코드 앞에 붙이면 아주 좋은 성공 방정식이 완성될 것이다.

예를 들면 '나 이미숙은 5년 뒤에 최연소 쉐프가 되겠다' 라는 식으로 정의하는 것이다. 여기서 이미숙의 핵심 코드, 콘텐츠는 쉐프이며 목표는 5년 뒤까지 최연소로 자격증을 따는 것이다. 이런 식으로 성공 방정식을 정의하면 구체적인 목표 아래 자기의 인생 주제를 명확히 알고 추진할 수 있는 원천적 힘을 가지게 된다.

9계　My Zone 찾기 : Best 1이 아니라 Only 1

●
●
○

앞에서 '나는 ○○○이다' 라는 공식을 풀어보라는 이야기를 강조했는데, 다 이유가 있다. 당신이 채운 '○○○' 이 바로 당신의 성공자산이자 당신의 코드이기 때문이다. 이제 이것을 어떻게 확대 재생산을 하느냐가 관건이다.

도대체 성공이란 무엇일까? 여러 가지 기준이 있겠지만 내 생각은 이렇다.

"성공은 1등이 아니라 당신이 아니면 안 된다는 말을 듣는 것이다."

성공은 '반에서 1등' 이니 '전교 1등' , '1등 졸업' , '수석 합격' 등으로 표현되는 수치 개념이 아니다. 성공은 나만이 할 수 있는 것, 나 아니면 못하는 것, 내가 남과 다르게 할 수 있는 것, 세상이 나를 필요로 하는 것이다. 수치가 아니라 정성적인 개념이다. 즉 성공은 'Best 1이 아니라 Only 1' 이 되는 것이다. 이런 개념에서, 평생직장이 아니라 평생현역으로 살 수 있는 성공 코드 '유퍼니' 가 나온 것이다. 내 명함에 쓰여 있는 캐치프레이즈는 "누구나 1등은 할 수 없지만 누구나 성공할 수 있다" 다. 모든 사람이 자신을 풀어서 자신을 직업으로 성공할 수 있다는 것이다. 이 이야기는 장난 삼아 당신을 위로하고자 하는 말이 절대 아니다. 모든 사람이 관점을 바꾸고 외적요인이 아니라 내적요인에 관심을 가지면 성공 인생을 살아갈 수 있다는 것이다.

'Only 1'을 어떻게 구축을 할 수 있을까? 간단한 주관식 문제를 내겠다.

'직장에서 성공하려면 남과 차별화된 (   )을 만드세요!'
자, (   ) 안을 채워서 문장을 만들어보라! 도대체 내가 다니고 있는 직장에서 내가 성공하려면 무엇을 해야 할 것인가? 답은 '브랜드' 다. 나만의 것 Only 1을 일종의 상품화하는 것인데, 나는 이것을 '아이브랜딩I-Branding' 이라고 부른다. I-Branding이란 '자신의 장점을 살려 하나의 상품처럼 상징화하는 것' 이다. 정리하면 'Only 1' 이란 나만의 장점으로 개인 브랜드, 즉 I-Branding을 실행하는 것이다.

'오리 증후군' 이란 것이 있다. 오리는 조금 날기도 하고, 조금 달리기도 하고, 조금 헤엄치기도 하지만, 무엇 하나 제대로 하는 게 없다. 일류가 되려면 독수리처럼 날든지, 호랑이처럼 달리든지, 상어처럼 헤엄을 칠 수 있어야 한다. 즉 뭔가 남들과 달라야 한다. 결국 차별화만이 살 길이라는 이야기다.

● 당신의 차별력은?

1) 당신은 무엇으로 잘 알려져 있는가? 3~4가지 정도를 써보라.

2) 그렇다면 당신은 내년 이맘때까지 무엇으로 더 유명해질 것인가?

3) 당신이 하고 있는 일은 당신에게 도전적이고 자극적인 일인가?

4) 최근 3개월 동안 자기계발을 위해 시작한 학습이 있다면 무엇인가?
   3가지 이상 적어라.

5) 최근 3개월 동안 성공을 위해 인간관계를 유지해온 중요한 사람 이름 10
   명을 써보라.

6) 다음 3개월 동안 당신을 돋보이게 할 아이템이 있다면 무엇인가?
   5가지를 써보라.

7) 당신의 이력서를 지난해 이맘때보다 차별화할 수 있는 방법이 있다면
   무엇인가? 5가지 이상 들어라.

8) 향후 당신의 브랜드 가치와 몸값을 올려줄 가시적인 프로그램이 있다면
   무엇인가?

9) 앞으로 3개월 동안 당신이 비즈니스를 하는 데 도움이 될 사람 이름을
   5명 이상 써보라.

아마 당신은 이 체크리스트를 작성하는 데 애를 먹었을 것이다. 누구나 이 체크리스트를 술술 적어 내려가지는 못한다.

곧 브랜드 자산을 방치한 셈이다. 이제부터 이것을 챙기고 사각지대를 보완하면서 살면 된다. 이런 말이 있다. "브랜드를 만들면 세상이 가만두질 않는다!" 맞는 말이다. 브랜드로 살아가야 한다.

10계 　관련 인맥 구축하기 : 사람이 답鸄이다

●
●
●

　미국의 우체국에서 고객 만족도를 조사하기 위해 설문조사를 했다. 봉투에 설문을 넣어 보내던 기존 방식으로는 통상 7퍼센트 정도의 응답이 있었다. 회수율을 높이기 위해 상금을 걸었다. 설문에 응답하면 신분 확인 후 50달러를 주겠다는 증서를 넣어 보냈다. 그 결과 응답률이 23퍼센트로 올랐다. 그런데 한 경제학자가 대안을 하나 제시했는데, 그 방법을 쓰니 응답률이 52퍼센트까지 치솟았다.

　어떤 방법을 사용한 것일까. 비결은 설문지와 함께 보낸 현금 5달러에 있었다. 사람들은 설문에 응하면 50달러나 주겠다는 말보다 5달러를 먼저 받은 뒤에 더 적극적인 태도를 보였다. 더욱이 5달러 만 챙기고 답변은 하지 않을 수 있었는데도 사람들은 돈을 먼저 받자 더 열심히 설문에 답했다. 그 이유가 뭘까. 사람들은 '나에게 잘해 주는 사람에게 어떤 식으로든 보답하려는 심리'가 있다.

　《설득의 심리학》의 저자 로버트 치알디니는 이것을 '상호성의 원리'라고 불렀다.

(〈한국경제신문〉 발췌)

우리나라 최초로 《웰레스트》라는 인생 후반전에 관한 책을 출간한 적이 있다. 책을 내는 작가들은 그 책이 대박으로 이어지길 은근히 기대를 하면서 책을 쓴다. 그러자면 적극적인 마케팅이 필요하다. 책을 일반 대중에게 알리는 데 가장 쉽고 효과가 빠른 것이 바로 미디어 매체인 건 당연하다. 그래서 나름 작정을 하고 그동안 인간관계를 맺어온 언론사 기자들의 명단을 작성해서 하나둘씩 안부인사 겸 부탁 전화를 했다. 그런데 아주 반갑게 안부를 건넨 뒤에 상대편이 보내오는 싸늘함을 느끼지 않을 수 없었다.

그렇게 된 데는 다 이유가 있었다. 내가 그들에게 4년 만에 전화를 한 것이다. 이들과 수년간 쌓아온 인정 하나만 믿고 무작정 전화를 걸어서 시쳇말로 청탁(?)을 한 셈이다.

이게 가장 큰 실수였다. 사람과 사람 사이는 사람을 이어주는 작은 다리가 있는데 그 다리가 이미 망가졌던 것이다. 바로 '신뢰' 라는 다리였다. 사람과 사람을 이어주고 관계를 유지해주는 이 다리는 철골 구조가 아니라 목조 구조라서 수시로 보수와 유지를 하지 않으면 언젠가는 무너지거나 망가진다.

나는 뜻하지 않은 이런 형국을 맞이하면서 나름 이런 생각을 들었다. "인생만사 다 사람이구나!" 인생사 모든 것은 바로 사람이 하고, 사람이 풀어가고, 사람이 해준다.

그 뒤로 이런저런 고민 끝에 앞으로는 이런 실수를 반복하지 않아야 하겠다는 다짐을 했다. 그리고 그동안 무너지거나 망가졌던 관계의 다리 즉 '신뢰' 를 복원하는 작업을 하기 시작해서 지금도 해오고 있다. 이런 노력의 결과로 다리를 잘 건너다니고 있다.

나는 무너진 신뢰라는 다리를 복원하는 프로젝트 명을 구상했는데 '휴먼루션' 이라고 부른다. 이것은 영어로 사람을 뜻하는 'Human' 과 해결책을 뜻하는 'Solution' 을 합성한 것이다. 이 말은 '사람이 답^答이다' 라는 뜻을 함축하고 있다. 이름 하여 성공 인생을 부르는 인맥 복원 작업인 셈이다.

우리가 주변에서 흔히 듣는 신세한탄 중에 이런 것이 있다.

"에이! 나는 돈도 없고 빽도 없다."

가진 재산도 변변찮은 데다 힘깨나 쓰는 인맥조차 없다는 뜻이다. 엎친 데 덮친 격으로 최악의 상황에 처한 사람들을 묘사하기엔 이 이상 딱 떨어지는 말은 없을 것이다. 그런데 사실 "돈 없다"라고 하거나 아니면 딱 잘라 "빽 없다"라는 한마디로도 충분하다. 왜냐하면 자본주의 사회에서는 돈 있는 사람 중에 빽 없는 사람이 없고, 빽 있는 사람에겐 자연스레 돈이 따르기 때문이다. 더군다나 사회가 정보화될수록 돈의 유통 라인과 정보의 유통 라인은 점점 더 일치하는 경향을 보이게 된다.

정보의 유통 라인이란 바로 휴먼네트워크, 즉 인맥이다. 자본주의 사회에서 가난이 치명적인 까닭은 다른 무엇보다도 자신의 휴먼네트워크를 협소하게 고립시키거나 심지어 차단하기 때문이다.

다음은 〈조선일보〉에 칼럼을 쓰고 있는 남정욱 교수의 글이다. 인맥에 대한 명쾌한 해결책이 담겨 있다.

운을 부르는 두 가지가 있습니다. 그 하나는 인맥입니다. 인맥은 그냥 '아는 사람' 이 아닙니다. 인맥이란 '다른 사람에게 내 이야기를 해주는 사람'입니다. 저는 똑똑하고 유능합니다, 자기 입으로 말하면 미친 줄 압니다. 쟤는 참 똑똑하고 성실해요. 어, 그래? 한번 데려와 봐 하는 반응 나옵니다. 주변에 상냥하게 대해 주세요.

한편 마피아 경영학에는 이런 말이 나옵니다. 당신보다 나은 인간과 교제하되 모든 경비를 부담하라. 그렇습니다. 인맥은 수평뿐만 아니라 수직으로도 쌓아야 한다는 얘기입니다. 병아리가 알에서 나오기 위해 부리로 껍질을 쪼아대는 것을 줄이라고 합니다.

반대로 어미 닭이 밖에서 쪼아 돕는 것을 탁啄이라고 하지요. 이두 개가 맞아떨어져야 알이 깨지고 병아리가 세상 구경을 할 수 있습니다. 그것도 동시에 해서 나온 사자성어가 줄탁동기입니다. 물론 줄만으로도 껍질은 깨집니다. 그런데 오래 걸립니다. 너무 오래 걸립니다. 가장 나쁜 경우는 쪼다 죽는 겁니다. 실은 대부분의 인생이 그렇습니다. 주변에 쪼아주실 분이 있나요?

다른 하나는 기도를 많이 하는 겁니다. 사람은 대체로 생긴 대로 놀고 대부분 말한 대로 됩니다. 그래서 기도하는 겁니다. 모쪼록 앞날에 좋은 일이 많이 있으라고. 기도의 동사動詞는 '기도하다'가 아니라 '적선積善하다'입니다. 그런데 꼭 표 나게 하세요. 오른손이 하는 일을 왼손만 모르고 세상 모든 사람이 다 알 수 있도록. 선善은 운運이 내려앉는 둥지랍니다. 그 즉시 운으로 이어지지 않더라도 사람들이 기억하고 있어 나쁠 일은 아니겠지요. 노력하고 교제하고, 기도하세요. 사랑받는 인생이 되세요.

11계   I - Branding거리 찾기: 당신의 경험을 세상에 팔라!

●
●
●

10여 년간의 직장생활에 마침표를 찍고 병원 개업 및 경영을 도와주는 컨설팅 회사 'Change Young Company'를 1인 창업한 이선영 대표. 직장생활의 경험을 밑바탕으로 다양한 성과를 창출하고 있는 그는 "창업으로 특별해진 1인 기업가"라고 자신을 소개한다. 그는 어떻게 스페셜리스트가 됐을까. '저자가 저자에게 묻다' 제1편 《1인 창업이 답이다》의 저자 이선영과의 인터뷰다.

\# 단도직입적으로 묻겠습니다. 이 책을 '한 줄'로 요약해 주세요.
"평범한 사람도 부를 창출하는 시스템을 만들 수 있도록 도와주는 책입니다. 일상의 소소한 아이템으로 1인 창업을 꾀하는 데 도움을 줄 겁니다."

\# 책을 보니, 공격적인 단어가 자주 등장합니다. 특히 '현대판 노예로 사는 당신에게'라는 단어가 눈에 띄던데요. 현대판 노예라…. 지나치게 극단적인 표현이 아닌가 싶어요.

"그럴까요? 전 그렇게 생각하지 않습니다. 요즘 직장인은 현대판 노예나 마찬가지라고 봐요. 아무런 꿈 없이 그저 오늘만을 살아가니까요. 학교 다닐 때는 부푼 꿈을 안고 공부를 했을 텐데 막상 사회에 나가보니 현실의 벽에 부딪히면서 꿈을 잃어버린 탓이겠죠. 주 5일 동안 아침부터 저녁까지 주어진 일만 하면서 미래를 위해 오늘을 포기하는 게 직장인의 삶입니다. '직장' 이라는 것이 사람들을 현대판 노예로 전락시켜 자유를 빼앗고 있는 셈이죠. 그래서 그런 표현을 썼습니다."

노예는 벗어날 수 있지만 현대판 노예는 그러기 힘듭니다. 창업전선에 나서는 게 그만큼 어렵다는 뜻이죠. 그런데 '평범한 사람도 억대 수입이 가능하다' 고 말씀하셨어요. 과한 조언 아닌가요?

"그렇게 생각하지 않습니다. 저는 한 달에 월급의 4배 이상 벌고 있습니다. 월 1,000만 원쯤 될 거예요. 물론 처음 1년 동안은 한 달에 100만 원도 못 벌었어요. 하지만 전문분야를 살리니 기회가 오더라고요."

'송충이는 솔잎을 먹어야 생존한다' 는 뜻인가요.

"1인 창업을 하기 전 치과의 실장을 지냈죠. 그 직을 그만둘 때까지 모든 업무를 배우고 익혔습니다. 이런 노력은 치과병원 컨설팅을 업業으로 하는 1인 창업을 했을 때 큰 도움이 됐어요. 일을 하면서 창업 준비를 한 셈이 된 거죠."

젊은이에게 1인 창업을 권유하나요?

"할 만한 일이라고 생각해요."

이선영 대표는 "큰돈을 들여서 사업을 확장하거나 무리하게 대출을 받아 창업자금으로 활용해선 안 된다"고 조언했다.

이유는요?

"우리의 시간은 제한돼 있어요. 심장이 뛰는 일을 하기에도 모자라죠. 그렇게 귀한 시간을 다른 사람을 위해 써선 안 된다고 생각해요. 20년 열심히 저축해도 내집 하나 장만하기 힘든 세상이잖아요. 지금의 행복을 저당 잡히기에는 억울한 게 너무 많아요.

평생직장은 이제 없다고 보는 게 맞습니다. 그렇다면 스스로 직장을 만들어야죠. 즉 내가 가장 잘할 수 있고 하고 싶은 일을 창업하면 되는 것입니다."

(글/ 김영호더스쿠프전문기자(김앤커머스대표) tigerhi@naver.com)

※ 이 기사는 〈더스쿠프〉 159호(2015년 9월 21일~10월 4일) Talk! Talk! Interview 「1인 창업이답이다」이선영작가편기사중일부다.

1인 기업 코칭을 하면서 느끼는 게 있다. 대개 사람들은 자신만이 갖고 있는 거리 즉 스토리가 없다고 생각한다. 사람은 태어나서 책 3권을 쓴다고 한다. 바로 과거, 현재, 미래다. 가령 당신이 내 앞에 있다면 2권, 즉 과거, 현재라는 스토리를 갖고 있는 셈이다. 스토리에 텔링Telling이란 단어를 붙이면 스토리텔링Story Telling이 된다. 이것을 워딩Wording하는 게 책이고 이것을 말로 전해는 게 강의다. 즉 당신

의 I-Brandig 거리나 자산은 바로 당신 지금까지 살아오면서 경험經
驗한 것과 배운 지식知識이다. 이것을 한 마디로 줄이면 경지經知다.
이 경지로 당신이 어느 분야든지 경지經知에 올라가는 일련의 작업
이 I-Branding이다. 그리고 여기에 상표를 붙인 것이 바로 당신의 브
랜드 이자 유퍼니가 된다.

걱정하지 마라! 오늘부터 당신의 경험을 팔아라! 세상은 넓고 팔
곳은 많다!

12계 　당신을R - N - W(ReNeWal) 하기 / 책 100권 읽지 않고선 세상 들이대지 마라!

- ●
- ●
- ●

12계는 I-COOK 아카데미에 참석한 이들이 가장 힘들어 하는 대목이다. 거의 다 여기서 낙오자가 생긴다. 그만큼 어려운 9부 능선이다. 그런데 이 과정을 건너뛰고는 1인 기업가로 성장할 순 없다.

얼마 전 수강자 한 사람이 찾아왔다. 그 친구는 중소기업을 한 1년 다니다가 퇴직을 하고 쉬고 있었다. 성인이 되었는데도 아직 인생의 방향을 잡지 못해 자문 차 나를 찾은 것이다.

그 친구 고민을 한마디로 말하면 "인생을 바꿀 수 있는 지름길이 있습니까?" 였다. 이 친구의 고민을 듣자마자 "물론 있지! 그것도 지름길이 있다네! 바로 'B - 100이야!"라고 답을 했다.

B - 100라는 것은 책Book 100권 읽기를 말한다. 나는 독서가 사람의 인생을 바꿀 수 있는 가장 좋은 방법이라고 생각한다. 그래서 인생에서 방향을 못 잡고 우왕좌왕하는 분들에게 B - 100를 처방한다. 누구든 전문가가 되려면 어느 분야든 관련 서적 100권을 읽으라는 주문을 한다.

사실 책 한 권을 읽기도 어려운데 100권을 읽는다는 건 참 어려운 일이다. 그런데 인생을 바꾸려는데 이 정도 노력과 투자를 하지 않고선 어렵다. 다음 한 일간지에 나온 이야기를 재구성한 것이다.

지병으로 6년째 집에서 누워서 지내야만 하는 청년이 있었다. 그 청년은 우연한 기회에 이름만 대면 누구나 알 수 있는 베스트셀러 작가를 만났다. 이 청년은 그 작가에게 "앞으로 어떻게 살아가야 하겠느냐?"라고 물었다. 이 질문에 그 작가는 "앞으로 1년 동안 365권의 책을 읽고 오면 말해주겠다"라고 대답했다.

그 청년은 주경야독의 자세로 1년간 365권의 책을 읽는 데 성공했다. 이 청년은 365일의 독서를 통해 가장 큰 소득을 건졌다. 바로 자신감이었다. 늘 실패자로 살아온 그는 처음으로 "나는 할 수 있다"라는 생각을 했다고 한다.

그 청년은 그 자신감으로 영어 학원을 운영하게 되었고, 지금은 억대 연봉을 받는 학원장으로 왕성하게 활동하고 있다. 책 1권을 읽는 데도 365일이 걸릴 수도 있는데 어떤 노하우가 있는데 효율적으로 읽으려면 어떻게 해야 할까?

있다. 그 베스트셀러 작가가 주장하는 독서 3단계라는 게 있다. 독서 3단계를 따라서 독서를 하면 대략 2,000권 정도 읽을 수 있다고 한다.

1단계는 프로 리딩professional reading이다. 이것은 직장인이라면 자신의 업무 관련 도서 100권을 읽는 전략이다. 이 단계를 마치면 명실공히 전문가로 거듭나는 것이다. 앞서 내가 강조한 B - 100은 이 단계를 말하는 것이다.

2단계는 슈퍼 리딩super reading이다. 위인전이라든가 자기계발서 등을 읽는 단계다. 이 단계를 마치면 무엇보다도 사물을 보는 긍정적인 자세와 사고방식을 구축하게 된다. 나도 역시 이런 과정을 밟았다. 사실 이 작업 없이 16권의 책을 낼 수 없었다. 이것은 인풋 없이 아웃풋이 없다는 이치와 같다.

3단계는 그레이트 리great reading이다. 인문학이나 고전을 읽는 단계다. 그러니까 수백 년간 전해 내려오는 명작인 인문 고전을 읽는 과정이다. 이 과정을 마치면 세상을 바꿀 수 있는 리더로 성장할 수 있다. 사실 나도 이 과정을 마스터하지 못한 상태다. 이 단계는 CEO들이 많이 밟고 있다.

1인 기업가로 성장하려면 결국 프로 리딩 → 슈퍼 리딩 → 그레이트 리딩이라는 3단계를 거쳐야 한다.

대개 책을 읽으라고 조언을 하면 시간이 없어서 못 읽는다고 말한다. 시간이 없다고 술을 못 마시고 잠을 못자는 사람이 있을까? 만약 술도 마시고 친구도 만나고 인터넷 서핑도 하고 인생이 아직 안 바뀌고 있다면 책을 잡아야 한다. 책 속에 길이 있고 그 길 속에 1인 기업가의 왕도가 있다.

13계 당신을 R-N-W 하기: 놀아도 〈조·중·동·한·매〉랑 놀아라!

●
●
●

'조중동한매' 란 〈조선일보〉, 〈중앙일보〉, 〈동아일보〉, 〈한국경제 신문〉, 〈매일경제신문〉을 두고 한 말이다. '조중동한매' 랑 놀라는 메시지는 매일 5가지 신문을 숙독하라는 이야기다.

내가 운영하는 I-COOK 아카데미에는 'Must Do 4' 라는 게 있다. 이 중 가장 먼저 하는 작업이 바로 '조중동한매' 읽기다.

나에겐 남다른 습관이 하나 있다. 바로 일간 신문 12가지 읽기다. 이 습관은 대략 20여 년간 지속되어 온 습관이다. 이런 탓에 하루가 신문으로 시작해서 신문으로 마감한다고 해도 과언이 아닐 성 싶다.

그렇다면 왜 신문 읽기를 강조하는 것일까? 앞서 말했지만 내가 육성하는 1인 기업가 과정인 '아이쿡I-COOK은 자신을 브랜딩Branding 하는 작업이다. 아이쿡이란 I COM ON Knowledge 즉 '지식 기반 1 인 기업가' 라는 뜻이며 '날리프레너' 를 말한다. 흔히 시중에서 장려 하는 1인 기업을 의미하는 건 아니다. 지식이 기반이 된다는 점이 특 이하다. I-COOK은 자신이 그동안 쌓은 지식이나 경험을 푸는 일이 다. 그러자면 자본이나 다름없는 지식이 많으면 많을수록 좋다는 말이 된다.

그렇다면 왜 이렇게 신문 읽기를 강조하는 것일까? 1인 기업가라는 하나의 상장기업과 기능과 역할이 비슷하다. 그러니까 1인 기업가도 이름이 있고, 팔아야 할 상품이 있고 마케팅도 해야 하고 수금도 해야 한다. 그런데 1인 기업이 파는 상품은 바로 세상이 지금 원하는 특별한 '지식'이 된다. 그런데 가게에 팔 물건이 없으면 가게 문을 닫게 된다. 지식이란 상품은 무형의 상품이다. 당신이 1인 기업가라면 상품이 당신 머릿속에 있는 것인데 이것을 어떻게 잘 가공해서 내놓느냐가 관건인 셈이다. 단적으로 말해 1인 기업가는 팔 게 없으면 끝장이다.

결국 당신의 지식과 경험으로 세상에 나아가야 하는데 그 지식이 가장 많이 숨어 있는 지맥이 바로 신문이다. 이 자리에서 신문의 중요성을 강조하려는 건 아니다. 그러나 신문이 주는 마력에 대해 말하고 싶다. 신문 속에는 세상을 읽는 코드와 공식이 숨어 있다. 세상과 맞짱을 놓을 사람이 세상의 코드를 못 읽어서는 안 될 일이기 때문이다.

연세대 전 총장이었던 송자 교수의 신문론을 들어보자.
"〈조선일보〉고 이규태 전 논설위원의 서재에는 수많은 책과 함께 한쪽 벽면에 잘 정리된 몇 십 권의 스크랩북과 노트가 있다. 총 6,702회까지 이어진 초유의 신문 고정 칼럼, 37개의 대형신문 시리즈 물, 120여 권에 이르는 저서 등 한국 언론계에서 이례적인 업적을 이룩한 그의 저력은 바로 신문 스크랩에서 나왔다.

디자이너 앙드레 김의 신문 사랑 또한 익히 알려져 있다. 국내 주재 각국 대사, 외교 사절들과 교류가 많은 그는 각 나라의 지리, 역사, 문화에 대한 해박한 지식을 바탕으로 유창하게 대화를 이끌어 가곤 한다. 그런 그의 능력은 새벽 5시에 일어나 <u>17개의 신문을 읽고 스크랩</u>하는 데서 비롯됐다."

다음은 우리나라 외화 번역가로서 최고의 자리에 있는 이미도 씨의 신문 예찬론이다.

"종이 신문의 하루치 원고량이 얼마나 될까요? 제가 분석해보니, 200자 원고지 1,000장 정도, 300쪽짜리 책 한 권 분량입니다. 월요일부터 토요일까지 한 달 내내 신문을 구독하면, 자그마치 단행본 24권을 읽는 셈입니다."

"내 언어 감각과 상상력은 매일 아침 조간신문 3종을 읽는 데서 출발합니다. 커피 한 잔을 마시며 신문을 1면부터 마지막 면까지 훑어내려 가지요. 신문엔 정말 다양한 주제와 호기심을 자아내는 이야기가 가득합니다."

이씨는 "신문 읽기는 책 읽기에 접근하는 아주 효과적인 방법"이라며 "토요일마다 발행되는 신문의 책 기사를 주의 깊게 살펴야 한다"고 했다. 매주 쏟아지는 신간 중에서 신문의 선택을 받은 책은 어김없이 좋은 책이라는 것.

이씨는 "그중 가장 큰 지면을 할애한 책을 골라 1주일에 2~3권씩 읽으면 Very Imaginative Person상상력이 뛰어난 사람, 한마디로 인생의 VIP가 될 수 있다"고 했다.

지난해 통계청 조사에 따르면, 10세 이상 대한민국 국민 가운데 하루 10분 이상 책(포함)을 읽는 사람은 10명 중 1명꼴이었다. 지독하게 책을 안 읽는다는 얘기다. 무대 뒤 대형 스크린에 숫자 '2012'를 띄운 이씨는 "하루 20분씩 책을 읽으면 1년에 12권을 읽을 수 있다"며 청중을 자극했다.

이씨는 "낯선 곳으로 가면 독창적 사고를 하게 된다. 마음만 먹으면 쉽게 떠날 수 있는 낯선 세계는 바로 책 속에 있다. 책을 통해 낯선 세계를 많이 만나면 독창적 사고가 커진다"고 했다.

이미도 씨는 "미래학자 앨빈 토플러는 전 세계의 신문 7종을 매일 읽는다. 많은 명사가 읽기를 성공 비결로 꼽는다"며 "자기 발견적 읽기를 통해 내가 정말 좋아하는 일이 무엇인지도 알아낼 수 있다"고 말했다.

〈〈조선일보〉 발췌〉

그렇다면 신문을 어떻게 읽으면 효과적일까? 내 경험을 바탕으로 신문을 효과적으로 보는 방법을 소개한다. 우선 신문을 책상에 펼쳐 놓는다. 다음엔 나름대로 자신이 선호하는 아니면 관심이 가는 주제 또는 아이템을 정한다. 대략 3~4개 정도 정하면 된다. 나와 같은 컨설턴트들은 다소 많은 아이템을 갖고 있다. 내 경우를 보면 '성공학', '직장인', '기업문화', '재테크', '미래 읽기', '트렌드', '별난 사람' 등 10가지 정도로 압축을 한다.

이렇게 주제나 아이템이 주어지면 당신이 준비해야 할 도구가 있다. 바로 포스트잇이다. 큰 것이 아니라 작은 것이면 좋다. 이제 신문을 펼쳐라. 다음에 당신이 선택한 아이템을 머리에 담아 놓고 신문을 빨리빨리 훑어간다. 그리고 당신이 정한 아이템과 관련된 기사가 있으면 포스트잇으로 표시를 한다.

그리고 다음 장으로 넘어간다. 또 관련 아이템 기사가 나오면 붙여라. 단 이렇게 하는 데는 큰 기사보다는 작은 기사 순으로 보는 게 좋다. 이렇게 해서 5가지 신문 보기를 마쳤으면 포스트잇이 붙은 신문의 면을 통째로 잘라 접어서 A4용지 박스나 일반 라면 박스 같은 곳에 아이템 별로 담는다. 이렇게 해서 1주일이 지나면 모아놓은 신문을 대상으로 초벌 버리기를 시작한다. 이런 식으로 불필요하거나 값어치가 떨어지는 것을 버리면 된다. 물론 하루도 빠짐없이 하는 게 상책이다.

다음엔 초벌 버리기 한 다음 남아 있는 신문을 갖고 나름대로 트렌드 또는 맥 잡기를 하면 된다. 이렇게 되면 당신도 신문 읽기 도사가 되고 이곳에서 성공할 수 있는 맥을 찾을 수 있다. 나아가 당신만의 미래를 보는 눈 또는 트렌드를 파악하는 내공을 키울 수 있다. 그런데 스크랩하는 작업이 만만치 않는 인내와 체력을 요구한다. 결국 스크랩이란 작업도 자신과의 싸움이다. 이 싸움을 넘어서면 앞서가는 사람이 된다.

14계 당신을 R - N - W 하기 : 글쓰기의 4박자를 밟아라

●
●
●

　1인 기업 인큐베이팅을 하면서 가장 주력하는 게 바로 '글쓰기' 다. 왜냐하면 1인 기업가는 혼자서 모든 것을 다해야 하기 때문에 표현력이 없으면 아무것도 못한다. 인큐베이팅에 참가한 참가자를 대상으로 "이 과정의 90퍼센트는 글쓰기입니다" 라는 말을 하면 다들 고개를 갸우뚱거리면서 다소 엉뚱하다는 듯이 본다.

　혹시 당신이 직장생활을 한 경험이 있다면 아마 기획서를 잘 만드는 동료나 선배가 무척 부러웠을 것이다. 그래서 '1인 기업가=글쓰기' 라는 공식은 아무리 강조해도 지나치지 않는다. 나는 W writing 지수가 S success 지수라고 말할 정도다. 그렇다면 글을 쓸 줄 모르거나 영 취미가 없는 사람은 어떻게 하란 말인가? 하는 의문을 가질 수도 있을 것이다. 걱정할 필요는 없다. 이번 장에서는 '누구나 책을 만들 수 없지만 누구나 글을 쓸 수 있다!' 라는 명제 하에 재미있는 글쓰기 로드윅을 소개하겠다. 다음에 소개하는 것은 내가 1인 기업가 인큐베이팅 과정에서 진행하는 것을 그대로 옮긴 것이다.

송대관은 〈네 박자〉라는 노래를 부른다. 이렇듯 하나의 글로 인생처럼 4박자를 밟아야 한다. 글쓰기 매트릭스는 나아가 글을 쓰는 데 쉽게 말해 자신의 생각을 표현하는 데 영 자신이 없는 사람들을 위해 만든 공식이다. 이 공식은 '사思-집集-출出-화畵'라는 네 박자로 되어 있다.

사집출화는 '생각하기 → 집약하기 → 표현하기 → 구성하기'를 말한다. 다시 말하면 '무엇을 쓸 것인가?'에 대한 생각을 하고, 그것을 표현할 주제나 자료를 수집하고, 다음엔 그 자료를 갖고 어떻게 문장으로 표현하고, 끝으로 표현한 내용을 하나의 글로 구성한다. 하나의 글을 완성하려면 이 과정을 누구나 밟아야 한다.

그렇다면 생각하기 → 집약하기 → 표현하기 → 구성하기의 과정을 자세히 살펴보자.

첫째, '생각하기'다. 생각하기란 아이디어를 내는 작업이다.

하나의 글을 쓰기 위해 모티브나 계기를 낚아채는 과정이다. 이 단계에서는 쓰려는 글에 대한 전체 내용과 구도를 그려본다. 세부사항을 상세하게 조직하는 것보다는 키워드, 분위기, 분량, 글을 읽을 독자 등을 고려하며 대략의 밑그림을 그릴 수 있으면 충분하다. 주제나 핵심 메시지는 명확하게 표현하는 것이 좋은데, 아마 이 '생각하기' 작업 때문에 글쓰기를 힘들어 하는지 모르겠다. 사람은 대개 생각하는 것을 싫어한다. 특히 한국 사람처럼 즉흥적이고 여흥을 즐기는 이들은 더욱 힘들어 한다.

둘째, '집약하기' 다. 집약하기란 말 그대로 말 그대로 쓸 거리를 모으는 작업인데 본격적인 글을 위한 컨셉팅 Concepting 작업이다.

즉 글을 쓰는 방향이나 배경 또는 하고 싶은 이야기 등에 대한 정리 작업이다. 글을 쓰는 것은 설득하는 작업이다. 심야 토론이나 백분 토론 등을 통해서 토론자 들이 상대를 설득하는 모습을 자주 보았을 것이다. 그런데 상대를 설득하는 데 우격다짐으로 하지는 않는다. 변호사나 검사가 법정에서 치열하게 논쟁을 하듯이 명확하고 강력한 증거를 제시해야 하는데 바로 그 제시 거리를 찾는 일이다.

셋째, '표현하기' 다.

이 단계에서 실제로 글을 쓴다. 누구나 글을 쓰라고 하면 당황해한다. 재미있는 이야기나 말을 잘하는 사람들도 그것을 글로 표현하라면 다들 뒷걸음질을 한다. 물론 나도 초보자인 경우엔 힘들어했다. 표현하기란 자신의 생각을 즉 이야기를 워딩하는 작업이다. 다만 그것을 말하듯이 문자로 옮기는 작업인데 두려워한다. 문자로 표현하는 작업에서는 영어 문법에 대한 기초적인 지식을 끌어오면 요령이 될 수 있다. 중학교 때 공부한 영어 문장의 5형식을 활용하는 것이다. 가령 "나는 아침에 일어났다. 나는 버스를 타고 학교에 갔다" 처럼 1형식과 2형식처럼 간단한 문장을 연습하고 그 윗 단계로 올라가는 식이다.

넷째, '구성하기' 다.

구성하기란 짜임새 있게 쓴 것을 재정리하는 작업인데 흔히들 가감승제법을 쓴다. 더하고 빼고 나누고 곱하는 작업으로 글의 논리를 만든다. 이 과정은 '서론 → 본론 → 결론' 이라는 3단계를 적용한다. 내가 표현한 글을 이것에 맞게 나열하는 게 구성이다.

이렇게 생각하면 하나의 글은 아주 쉬운 구조로 되어 있음을 알 수 있다. 그런데 대다수 사람들은 이것을 모르고 있어 막연히 글이 두렵고 나아가 글을 쓸 엄두조차도 내질 않는다.

나는 이런 작업을 '쪼개기' 또는 '구조화하기' 라고 한다. 무엇인가 납득이 안 되면 그것을 쪼개가면서 분석을 하면 일정한 룰이나 패턴을 발견할 수 있다.

15계 당신을 R - N - W 하기 : 원고 쓰기
개론 정도는 알아야

다음은 원고 쓰기 개론을 살펴보자.

1. 우선 원고청탁이 들어오면 이 칼럼을 통해 하고 싶은 키워드나 메시지를 정한다. 여기서 중요한 것은 원고 청탁서에서 요구하는 것을 잡아야 한다. 만약에 그것을 잡을 수 없으면 다음 중 하나의 관점을 정한다.

첫째, 이 글을 읽는 독자 관점이다. 독자가 무엇을 알고 싶어 할까, 모르는 것은 무엇일까, 완전히 새로운 정보를 제공할 것인가 등으로 관점을 바꾸어본다. 둘째, 이 글을 쓰는 전문가 관점이다. 전문가로서 독자에게 꼭 말해주고 싶은 것을 선택하면 된다.

2. 키워드나 메시지를 정했으면 2W+1H라는 공식을 따른다. 'Why → What → How' 즉 '결 → 근 → 방' 의 방식이다. 내 주장을 강조하기 위해 근거를 찾아서 구성하는 것이다. 2W+1H을 구현하기 위해 '문제인결' 이라는 과정을 밟는다. 글은 어떤 주제에 대해 문제

를 제기하고 나아가 그것이 얼마나 중요한가를 인식시키고 끝으로 그 문제를 해결하는 방안을 내놓는 것이다.

3. 우선 결론(Why)을 생각한다. 결론을 생각한다는 것은 당신이 쓰고자 하는 글을 통해 문제를 제기하는 셈이다. 즉 내가 글을 통해 주장하는 내용이다. 가령 '성공은 자연산이 아니라 양식이다' 라는 결론 메시지를 제시하는 것이다. 이런 말을 만들 때 고민을 하는데 짧고 명쾌하게 표현된 문장이면 좋다.

4. 근거(What)을 찾는다. 이 작업은 제기한 문제의 중요성을 인식시키기 위해 근거를 찾아야 한다. 사실 글을 쓰는 데 가장 어려운 것은 내가 주장하는 바에 대한 근거를 찾는 일이다. 근거를 찾을 때는 다양한 사례나 예화 또는 데이터 등을 동원해야 한다.

5. 방법(How)을 제안한다. 이 작업은 앞서서 인식 시킨 문제에 대한 해결책을 내놓는 것이다. 이 작업이 없으면 전문가로서의 글이라고 볼 수 없고, 그냥 에세이처럼 자신의 이야기를 하고 만 것이다. 칼럼은 결론을 제시해야 한다. 독자들은 문제해결의 실마리를 알고 싶어 한다. '어 몰랐네!', '그럴 수도 있네!', '그렇구나!', '창피해!' 등의 반응을 유발해야 한다.

6. 끝으로 맺는말이다. 강하게 인상이 남도록 마무리를 한다. 여기서 가장 중요한 것은 내가 말하는 것을 독자가 따라서 하면 무슨, 무

슨 이득이 있을 것이라는 것을 재차 강조하면 된다.

7. 지금까지 한 이야기를 압축하면 '1 - 3 - 3 - 1' 박자가 된다. 이 것을 하는 방법은 포스트잇 8장으로 다음과 같이 배열한다. 각 포스트잇에 요점을 적은 뒤 그 키워드를 잡고 글을 써나간다.

> 결 1
> 근 123
> 방 123
> 맺음 1

8. 초고가 만들어지면 주변 사람들에게 보여주고 피드백을 받는 다. 이 초고를 고치고 또 고치고 더 고치고를 반복해라! 내가 읽어나 가는 데 부드럽게 되면 완성된 것이다.

16계 　당신을 R - N - W 하기 : 글쓰기 7계명

- ●
- ●
- ●

　요즘 글쓰기가 열풍이다. 한 출판사 대표는 "요즘은 책 사는 사람보다 책 내는 사람이 많은 것 같다"고 말했다. 이 열풍엔 직장인도 예외가 아닌 것 같다. 이젠 자신의 생각을 제대로 표현할 줄 알아야 생존할 정도다. 전문가들은 '호모 라이터스' 시대가 활짝 열린 것이라고 입을 모은다.

　그런데 자신의 생각을 논리정연하게 단어로 표현하는 일은 만만치 않은 작업이다. 하나의 글은 '思 → 言 → 書' 의 과정을 밟는데 이게 결코 쉬운 일이 아니다. 결국 자신의 생각을 문자로 표현하는 작업인데 여기엔 '논리적Logical이어야 한다' 라는 조건이 따른다. 그래서 자신의 생각을 절반이라도 글로 표현할 수 있으면 문장가라고 한다. 즉 글쓰기는 자신의 생각을 명료하게 정리하는 것이나 다름없다. 여기서는 '누구나 할 수 있는 글쓰기 7계명' 을 소개한다.

　첫째, 자신이 전달하고자 하는 내용을 쉽게 전달하려면 비유, 은유법을 사용하라. 그러자면 평소 생각을 많이 해야 한다. 운동 경기,

집짓기, 자동차 운전 등 어떤 행동을 은유로 쓰면 이야기하기가 쉽다. 그리고 어떤 화두나 메시지를 전했으면 그 내용을 뒷받침해줄 사례, 예화 또는 데이터 등을 들어야 한다. 가능하다면 유명인의 사례, 예화 그리고 저명한 기관이 발표한 데이터를 담으면 좋다. 또 자신이 경험한 사례도 상관없다. 이때 남들이 잘 몰랐던 새로운 이야기라면 금상첨화다.

둘째, 아이디어 트리Idea Tree를 만들어 전달하고자 하는 내용을 일목요연하게 정리하라. 즉 무엇을 전달할 것인지 명확하게 하면 할수록 좋은 글이 되고, 논리적이 된다. 물론 이 작업이 쉽게 되지 않지만 연습을 하면 서서히 체득된다. 이렇게 되면 읽는 이는 글쓴이의 내용을 명쾌하게, 상쾌하게, 통쾌하게, 받아들인다. 글은 나를 위해서 쓰는 게 아니라 읽는 사람 즉 독자를 위해 쓰는 것이기 때문이다.

셋째, 가능한 한 문장에 하나의 내용One sentence, one meaning을 담으려고 노력하라. 만약 6개의 내용을 전달하려면 6개의 문장에 나누어 담으라. 즉 욕심을 내서 한 문장에 여러 가지 내용을 담지 말라. 그 다음에 이것을 '기승전결' 또는 '서론, 본론, 결론' 등 같은 패턴을 연결고리로 엮으면 된다. 다음엔 '그리고, 그러나, 그러므로' 등 적절한 접속사로 단락을 이어주어 글의 긴박감, 즉 강약을 주면 된다.

넷째, 유명 인사나 한 분야 권위자가 한 말을 그대로 인용해서 하나의 문장으로 구성하는 것도 좋다. 그렇게 되면 글에 대한 신뢰성도 높일 수 있을 뿐더러 글을 적게 쓸 수 있다. 글을 쓰는 사람의 견해만 주장하면 읽는 이는 눈을 돌리기 십상이다. 객관성이 다소 떨어질 수 있기 때문이다.

위인의 명언을 인용하는 것도 좋은 방법이다. 자신이 주장하는 바를 이들의 말을 통해 강조하면 글이 탄탄해진다. 그러자면 평소 책을 많이 읽어야 하고 부단히 메모하고 스크랩을 해야 한다.

다섯째, 가능한 유일한Only 1이야기를 하라. 남 이야기가 아니라 자신의 독창적인 생각을 담아 주장하는 게 좋다. 이렇게 하려면 평소 관찰력을 기르고, 삶을 보는 독특한 시각을 키워서 자신만의 세계관을 가져야 한다. 이 세상에 '나' 말고는 그렇게 생각하는 사람이 없기 때문이다. 이 작업은 다소 의도적인 행동이다. 즉 나름 전략을 갖고 접근해야 한다는 말이다.

여섯째, 새로운 용어를 만들어보라. 나는 이것을 조어造語라고 부른다. 즉 새로운 말을 탄생시키라는 것이다. 유명한 개그맨을 보면 새로운 용어나 말을 만들어 자신을 PR하고 주목을 끈다. 글도 '하나의 상품' 이라고 생각해야 한다. 그러자면 자신의 생각을 압축해 마치 멋진 신문 헤드라인을 만들 듯 연출을 해야 한다. 특히 최신 유행어나 한자 또는 영어의 복합어를 사용할 줄 알면 편하고 '고사성어'나 '사자성어' 를 인용해도 좋다. 사람들은 색다른 것에 눈길을 보내게 마련이다.

일곱째, 재미있게 말하듯 표현하라. 나는 이것을 '수다 떨기'라고 한다. 상사라면 부하직원에게, 형제라면 동생에게, 친구라면 친한 친구에게 이야기하듯 쓰라. 가장 쉽고 편한 방법이다. 그냥 들이대라는 것이다.

남을 의식할 필요는 없다. 글에는 정답이 없기 때문이다.

17계 나만의 콘텐츠 만들기 : 콘텐츠 DB 구축 로드맵

〈표 1〉은 내가 계발한 '직장인 4.0 매트릭스' 다. 1인 기업가로 생존을 지속하려면 진화를 계속해야 한다. 진화를 하는 데 필요한 도구, 더욱이 당신이 전문가로 가는 데 없어서는 안 될 도구가 있다. 바로 콘텐츠 DB다.

전문가에게 콘텐츠 DB는 예금통장 같은 것이다. 전문가라면 지식을 팔아먹을 지식 저장고가 있어야 한다는 것이다.

〈표 1〉 직장인 4.0 매트릭스

세대	이름	코드	자산	방식	공식	결과	압축
1.0	職場인	人	노동	SSKK	Improve	샐러리맨	量
2.0	職長인	忍	경험	DIN	Change	샐러던트	質
3.0	職짱인	仁	지식	PDA	Revolution	샐러턴트	格
4.0	職業인	認	자본	DIY	Evolution	샐러스터	値

가령 당신 주위에 어느 분야든지 전문가 소리를 듣는 이들을 한번 유심히 보라. 그들이 전문가 소리를 듣는 이유는 그들이 그들 나름대로의 해결책, 즉 '솔루션'을 갖고 있다는 것이다. 그들의 해결책은 어디서 나오는 것일까? 바로 그들의 DB 즉 '지식 저장고'에서 나온다.

그렇다면 DB를 어떻게 구축할 수 있을까? 내가 'I COOK 아카데미'에서 코칭하는 DB 만들기다. 전문가가 되기 위해 당신이 밟아야 할 로드맵은 '인생 → 기록 → DB → 압축 → 코드 → 공식 → 솔루션'으로 정리할 수 있다. DB 구축 로드맵을 통해 당신이 세상의 전문가가 되는 지름길을 소개한다.

● 당신의 일상을 챙겨라!

"새로운 과학적 발견은 '그것 참 재미있네'란 말로 시작된다"(과학 저술가 아이작 아시모프)는 거다. 미생물학자 알렉산더 플레밍만 해도 그렇다. 그는 뭘 하느냐고 물으면 늘 "미생물을 갖고 논다"고 답하곤 했다. 뭐든 버리지 않고 2, 3주씩 놔둔 채 예상 밖의 재미있는 일이 일어나지 않을까 관찰하는 게 그의 놀이였다. 기적의 치료제 페니실린도 그렇게 놀다가 발견했고 말이다. (〈조선일보〉 '분수대' 발췌)

다음은 〈표 2〉는 내가 만든 '당신도 날리플래너가 될 수 있다'라는 것이다. 이 시트엔 여러 가지 항목들이 있다.

〈표 2〉 당신도 날리플래너가 될 수 있다

구분	아이템	내용	확대 재생산
신문			
책			
TV			
Radio			
사람			
세시풍속			
경험			
내 생각			
감동/느낌			
저명인사 말			
화제			
세상살이			
명언 명구			
가족이야기			

보다시피 위 표엔 여러 가지 항목들이 있다. 인생이란 게 이처럼 영역이 넓고 크다는 것이다. 1인 기업을 하려는 이들은 여러 가지 인생사에 대한 관점이 남달라야 한다. 왜냐하면 인생을 다루는 일이 1인 기업가이기 때문이다.

인생을 둘러싼 것을 보자. 우선 일, 일터, 주변, 가족, 경험, 만나는 사람 등 수많은 것들로 구성되어 있다. 이것을 어떻게 보느냐가 중요하다. 그러니까 세상을 어떻게 보고 이것을 어떻게 조리해서 요리, 즉 상품으로 내놓느냐가 관건이다.

당신이 전문가로 들어서기 위해서 가장 먼저 해야 할 일은 일상을 챙기는 것이다. 당신 앞에 늘 펼쳐지는 인생사에, 바로 1인 기업가로 가는 첩경이 숨어 있다. 당신의 일상을 그냥 보내지 말고 일상을 챙겨라!

● 뭐든지 기록하라.

그렇다면 일상을 그냥 보내지 말고 일상을 챙기려면 무엇을 해야 할까? 다시 말해 당신이 하는 업무를 하나의 시스템화하려면 어떤 절차를 밟아야 할까? 이 작업에서 가장 중요한 것은 인프라 구축이다. 기본이 튼튼해야 한다. 시스템 구축을 위해 많은 사람들이 기본적으로 제안하는 팁은 바로 '기록'이다.

보험왕에 오른 현대해상의 이혜선 씨는 11년 간 하루도 빼지 않고 활동일지를 작성했다. 하루 동안 있었던 일, 고객들의 특성과 취향 등을 세세하게 정리해 다음 날 활동을 준비한다. 이씨는 "활동일지가 있어서 '오늘은 누굴 만나지?' 라는 고민을 해본 적이 없다"며 "일지에 기록해 둔 고객들의 얘기를 꺼낼 때면 고객들이 깜짝 놀라기도 한다"고 말했다.

디테일 경영론으로 유명한 중국 왕중추는 이렇게 말했다.

"개인적인 일기는 아니고, 일종의 영업일지 같은 것이죠. 누가 시켜서 한 건 아니고요. 오늘 한 일을 정리하고, 내일 할 일을 미리 준비하기 위해 쓰기 시작했죠. 그러다 보니 개인적으로 디테일을 중시하는 습관이 들었어요. 그날그날 정리를 잘해두면, 나중에 어떤 일이 왜 생겼는지 원인을 찾기가 쉬워요. 그런 노력 덕분인지 영업실적이 좋아서 화학업체 사장까지 승진했죠."

하고 있는 일을 반드시 기록하라. 내일부터 당신이 가장 먼저 주목해야 할 일은 당신의 암묵지라고 할 수 있는 '경험지'와 '체득지'를 '형식지'로 바꾸는 일이다. 아마 당신은 기록하는 과정을 통해 하는 일에서 많은 부분을 정리하게 되고 나아가 자아 인식을 하게 될 것이다. 이런 작업이 지속되면 마치 전문가처럼 지맥知脈을 발견하게 될 것이다. 이것을 하는 데는 대략 6개월의 시간이 걸린다. 이렇게 함으로서 당신이 하는 일로 얻는 경험은 지식으로서의 새로운 탄생을 하게 된다.

● 당신만의 저장고에 담아라!

이 세상에서 가장 오래된 취미는 무엇일까? 바로 '수집'이다. 세상이 복잡해지고 각박해지면서 이젠 옛날이야기가 되어버렸지만 예전엔 신종 우표가 발행되는 날 새벽이면 우체국 앞에 순두부 장사가 진을 칠 정도였다.

쓸 만한 돌이 깔린 개울 바닥을 휩쓸고 돌아다니는 수석 수집가도 흔하게 볼 수 있었다. 내가 어렸을 때 어느 수석 수집가에게 "아저씨 취미가 돌멩이 모으는 거예요?"라고 물었다가 "야! 임마! 이건 사업이야!"라는 호통을 들은 기억이 있다. 당신 주변에 수석 수집하는 이들을 보면 희귀한 돌은 무척 비싸다는 것을 알 것이다.

이처럼 수집은 어느 정도 희귀성을 가진 대상을 모으는 경우도 있고, 복권처럼 개별적으로는 귀하지 않지만 첫 회부터 마지막에 발행된 것까지 전체를 모으면 가치가 급상승하는 대상도 있다. 가령 한 일간지나 주간지를 창간호부터 전 신문을 갖고 있는 이가 있다면 바로 그게 돈이 된다는 것이다.

수집이 꼭 돈만을 목적으로 하는 건 아니다. 신도시에 사는 한 전문가는 자신이 수집한 것으로 '근·현대 물품 박물관'을 세우기도 했다. 그 사람은 나에게 "시골집 마룻바닥을 뒤지면 옛날 과자 봉지, 공책, 잡지 같은 게 나온다. 이사 갈 때도 마룻바닥은 뒤지지 않기 때문이다"라고 귀띔을 해주기도 했다.

옛날 어린이 장난감만 수집하는 H씨는 한 달에 한두 번 오래된 장난감을 찾아 시골 문방구를 돌아다닌다. 한 씨는 정리를 잘 하지 않는 게으른 문방구 주인을 좋아하는데 이런 문방구를 뒤지면 진열대 구석에서 20년, 30년 묵은 노다지가 쏟아져 나오는 경우가 있다고 한다.

또 한 배낭 여행가는 자신이 가는 곳마다 그 지역의 봉투만 모은다. 가령 물건 담는 봉투, 비닐 봉투 등 봉투만 모두 모으는 거다. 그러다보니 집안 온통 봉투로 도배가 되어 있는데, 언젠가는 세계 봉투 박물관을 만들 계획이라고 한다.

이처럼 자료를 꾸준히 모아 DB화 해가면 코드를 읽어낼 수 있다. 당신이 기록한 것들을 한 곳에 담아 두는 저장고를 만드는 일이다. 컴퓨터의 하드디스크를 생각하면 되고 요즘 뜨는 빅 데이터라는 콘셉트를 생각하면 이해가 될 것이다.

● 압축하라

압축화란 농부들이 1년 동안 농사지어 수확한 참깨로 참기름을 짜내는 과정과 비슷하다. 자신이 보유한 정보로 가치 있는 것을 생산하는 것을 말한다. 정보를 많이 갖고 있다고 해서 좋은 것은 아니다. 관건은 그것을 어떻게 가공하느냐에 달려 있다. 왜냐하면 1인 기업가는 솔루션으로 먹고 사는 사람이기 때문이다.

그렇다면 어떻게 해야 할까? 바로 나름의 가치관과 철학을 갖고 DB를 분석해야 한다. 가공기술을 바꾸라는 이야기다. 가공이란 무엇일까? 이해를 돕기 위해 한경아카데미 권영설 원장의 글을 소개한다.

경영자들은 생산성을 아주 중요하게 생각한다. 회사의 생산성을 조금이라도 더 올리기 위해 직원들을 채근하고 성과 측정에 많은 노력을 기울인다. 그런데 스스로의 생산성에 신경을 쓰는 경영자는 적다. 지식노동의 생산성이나 품질을 측정할 기준이 적은 탓도 있다.

최근 만난 모그룹 HR 담당 임원의 얘기는 자극을 주기에 충분했다. 그는 자신의 현재 수준이 '지식경영 8.0' 이라고 말했다.

지난 10여 년간 꾸준히 업그레이드한 그의 지식경영 역사는 이렇다. 지식경영 1.0에서는 기억에만 의존했다. 2.0에 가서는 수첩에 메모하는 수준이었다. 3.0 버전에서 그는 그날 있었던 중요한 사안들을 컴퓨터 문서파일에 기록했다. 여기까지는 평범한 편이다.

4.0 버전부터 그는 앞서나갔다. 그날 접한 중요한 키워드들을 파워포인트로 요약하기 시작했다. 지식경영 5.0에 가서 그는 대학노트를 쓰기 시작했다.

대학 시절 분위기도 살리고 지식생산성이 급등하는 것을 느꼈다. 그래서 6.0 버전에 가서는 아예 매달 1권씩 대학노트를 만드는 것으로 목표를 높였다. 7.0 버전에서 그는 한 달간의 지식노트를 참조해 자기 혼자 보는 잡지를 만들었다. 스마트폰이 유행하면서 이를 병행해 그의 지식경영은 8.0이 됐다.

어느 장소에서든 세계의 리더와 그들이 쓴 책, 사상 등을 외우듯이 줄줄 읊던 그의 경쟁력은 바로 스스로 생산성을 버전 8.0까지 업그레이드 시킨 그의 노력이었던 것이다.

나이 탓, 기억력 감퇴는 어쩌면 스스로의 생산성 향상을 포기한 채 버릇처럼 떠올리는 핑계일지 모른다. 당신의 지식경영을 이제 업그레이드하시라."

(〈한국경제신문〉 발췌)

이 이야기는 '정보 → 지식 → 지혜' 라는 하이크러시를 말한다. 언젠가 신도시에 사는 주부들을 대상으로 이런 말을 한 적이 있다.

"오늘부터 신도시에 나오는 광고 전단지만 한 10년 모아보시기 바랍니다. 아마 지역사회 문화 전문가가 될 수 있을 것입니다."

각종 강연회에 강사들을 수송하는 렌트카 운전기사는 자신이 태운 유명 강사와 사진을 찍은 다음에 그들로부터 성공을 위한 메시지를 받아서 모으고 있다.

그는 수백 명에 달하는 명사들의 사진과 이들이 적어준 성공 메시지로 중심으로 출간할 계획도 갖고 있다. 또 내 후배인 한 사진작가는 우리나라 민물고기와 동춘 서커스단만 찍는다. 특히 수십 년간 찍어온 민물고기는 서울시의 도움으로 책과 CD롬으로 나오기도 했다.

이는 자신이 모은 DB를 압축해서 하나의 형식지를 만든 것이다. 마치 참깨를 볶아 압축기로 기름을 뽑아내는 과정이라고 볼 수 있다. 어려운 작업이 아니다. 지식창고에 넣고 당신을 압축하기만 하면 하나의 코드가 잡힌다.

●당신 방식으로 코드화하라

아마 코드화란 말이 납득이 안갈 수도 있을 것이다. 결국 코드화란 키워드를 만드는 일, 또는 키워드를 뽑아내는 작업이다.

즉 앞서 소개한 참기름에 성분 구성표를 작성하여 붙이는 일이다. 성분표를 보면 그 속에 담겨 있는 성분을 한 눈에 볼 수 있다. 코드화란 결국 압축한 것을 '스토리화' 하는 작업이다. 좀더 전문적인 용어로 말하면 '압묵지'를 '형식지'로 만든다고 한다. 이런 작업을 나는 '생각의 구조화'라고 한다. 막연한 것을 어떤 글씨나 문자 또는 그림 등으로 형식화시키는 일이다.

한 20년 전 S그룹 홍보팀에서 근무할 때 일이다. 당시 PR 업무를 담당하던 나에게 중요한 일은 대외 언론기관 일이었다. 쉽게 말해 기자들을 상대하는 일이다. 회사에서 일어나는 일 중에서 피할 것은 피하고 알릴 것을 알리는 중책이다. 그중 가장 빈번한 일은 S그룹을 출입하는 각 방송국 또는 신문사 기자들을 응대하는 작업이었다.

당시 이름깨나 있었던 C기자는 당시 K본부에서 유명한 중견 여기자로 알려져 있는 터라 홍보담당자들은 좀 어려워했다. 언젠가 그녀가 나를 찾아와 회사 실정에 대한 자료를 달라면서 무려 여섯 시간이나 나를 붙잡고 이런저런 것들을 물었다. 담배도 피우고, 차도 마시고, 점심식사도 하고 이렇게 장장 6시간이나 함께 있었다.

그러던 중 그녀는 원고를 내놓고 한 5분 만에 기사를 작성해서 K본부 경제팀에 기사를 팩스로 넣어달라는 부탁을 했다. 당시 나는 너무 놀라지 않을 수 없었다. 하루 종일 나랑 같이 있었는데 기사 작성을 5분 만에 한 것이다. 나중에 안 사실이지만 그녀는 나와 6시간 있으면서도 내내 내가 한 말을 정리해서 컨셉을 잡고 기사 방향을 정하고 제목을 뽑는 일을 머릿속으로 한 것이다.

나는 이런 작업을 코드화라고 한다. 복잡한 것을 좀더 깊이 들어가서 핵심을 잡아내는 일을 말한다. 그러니까 글의 뼈대를 구성하는 것 같은 일이다. 그 여기자는 사물을 접하고 그곳에서 나름대로의 코드를 잡은 데 능한 기자였던 것이다.

나는 강의 아젠다나 강의 콘텐츠를 만들 때〈코드화〉를 한다. 코드화를 하면 무엇이든지 이해를 하기 쉽다. 물론 이 작업이 쉽게 되는 것은 아니지만 연습을 하면 좋은 설득 도구가 된다. 코드화를 하면 모든 것을 한 장짜리로 압축할 수 있다.

다음 페이지에서 '성공하는 직장인들은 진화를 한다' 라는 내용을 코드화 한 것이다. 자세히 보면 직장인이 어떻게 성장 진화해 가는가를 일목요원하게 볼 수 있다.

변전소가 큰 직장인이 일하는 방식

구분	0	1	2
브랜드	Name	Nick Name	Brand
구성비	15%	80%	5%
변화력	Change	Deep Change	D. D Change
도구	암묵지	방법지	창조지
영역	그냥 있는다	온 동네 틀이 댄다	한 놈만 팬다
형태	- 형	l 형	T 형
성과	인재(人在)	인재(人材)	인재(人財)
차원	점	선	면 또는 사이버
사고	Know	Know-how	Know-why/who
숙련도	Depth 1	Depth 2	Depth 3
애칭	Man	Salaryman	Saladent
성질	붙박이성	고정성	이동성

(이내화의 <생존을 잘하는 직장인 되기> 발췌)

● 공식화하라

이 작업은 흔히 우리가 알고 있는 수학공식을 생각하면 쉽다. 가령 Y=F(X)라는 공식에서 X에 숫자를 대입하면 결과가 나오는 논리다. 내가 강의를 하면서 이런 이야기를 많이 한다.

가령 'Mind Up, Vision Up, Passion Up'이라는 단어를 보자. 이 세 단어 앞 자를 따서 모으면 MVP가 된다. 어느 분야든지 MVP가 되려면 3단계를 밟아야 한다는 이야기다. 그러자면 가공 기술을 바꿔야 한다.

'공식화'란 코드를 바탕으로 문제를 해결할 수 있는 공식을 만드는 작업이다. 이를 나는 구조화한다고 한다. 가령 '業=사람×사람'이란 공식을 하나 보면 業이란 사람과 비례 관계를 한다는 것이다. 일종의 산수 문제처럼 공식을 만들 수 있으면 수치를 대입하면 답이 곧장 나온다. 물론 이 작업이 말처럼 쉬운 일은 아니지만 어느 정도 업무에 정통하게 되고 경험이 있으면 나름대로의 솔루션을 낼 수 있는 공식을 만들어 낼 수 있다.

경영컨설턴트들은 어떤 문제를 컨설팅할 때 자신만의 진단도구나, 분석 툴을 갖고 있다. 15년 전, 경영전략 업무를 하던 중 외국계 컨설팅회사와 BPR 업무를 한 적이 있다. 당시 외국계 컨설턴트들은 자료라든가 여러 가지 인터뷰를 한 다음 날 방대한 솔루션이 담긴 리포트를 제출하는 것이었다. 그들이 바로 그런 작업을 할 수 있었던 것은 자신들만의 공식이 들어 있는 문제해결 툴을 갖고 있어 그곳에 필요한 자료를 넣으면 고객이 원하는 양식으로 리포트가 자동으로 생산되었기 때문이다. 결국 전문가가 되려면 하는 일을 구조화해서 자기만의 공식을 만들어 내야 한다.

●독특한 솔루션을 내놓아라

기획자나 컨설턴트들은 남다른 문제해결 능력을 갖고 있다. 말하자면 '문제해결사'다. 이들이 해결 능력을 갖고 있지 않으면 전문가 대접을 받을 수 없다. 1인 기업가도 마찬가지다. 답, 즉 솔루션을 갖고 있지 않으면 세상이 당신을 부르거나 고용할 일이 없다. 결국 이런 능력이 당신의 생존지수나 존재 가치를 입증하는 것이다. 축구나 야구 등 프로선수를 생각해보면 된다.

공식이 주는 장점은 그것이 어떤 결과를 내놓는다는 것이다. 결국 1인 기업가는 이것을 내놓지 못하면 이름뿐인 셈이다. 솔루션이란 단적으로 말해 '형식지'를 '가치지'로 바꾸는 작업이다. 이 가치지에 따라 3가지 유형의 1인 기업가가 나온다.

먼저 전문가Expert다. 솔루션을 갖고 있으면 그 사람을 전문가로 부르고 그 솔루션을 필요로 하는 곳에서 부르거나 용역을 부탁한다. 비유하면 전국노래자랑에 나가 금상을 받은 사람 수준이라고 할 수 있다. 이 준 프로가 자주 무대에 오르고 자기 곡도 내고 구력이 붙으면서 성장할 것이다. 이런 과정을 통해 한 30년 지나면 부르는 용어가 좀 달라진다.

둘째, 마스터Master다. 한 분야의 대가라고 할 수 있다. 이쯤 되면 부르는 가격도 오르면서 몸값이 제법 나가는 시기이고 나름 돈도 버는 위치에 서는 셈이다. 물론 이 자리에 오르는 사람이 그다지 많은 건 아니다. 가령 가수로 말하면 이승철, 이은미 같은 수준이다.

셋째, 마스터피스Master Piece다. 한 분야의 구루Guru라고 할 수 있다. 1인 기업가 중 이 경지에 오른 이들은 손에 꼽을 정도다. 이쯤 되면 몸값은 부르기 나름이다. 게다가 CF 등도 찍을 수 있고 더러는 존경받는 반열에 오르게 된다. 가수로 보면 '가왕'이다. 조용필, 이미자, 패티김, 양희은 등이다.

이렇게 솔루션 여하에 따라 Expert → Master → Master Piece 등으로 진화한다. 그만큼 1인 기업가에게 솔루션은 중요하다.

18계   사고의 틀 만들기 : '2W+1H 사고' 를 잡아라

●
●
●

기업체에 나가 '마케팅 기획능력 배양' 이란 주제로 강의를 해오고 있다. 주로 이 시간에는 패러다임 시프트Paradigm Shift, 즉 '발상의 전환' 을 통해 누구나 마케팅에 대한 아이디어를 낼 수 있다는 자신감과 성취감을 맛볼 수 있도록 하는 데 중점을 둔다.

교육방법은 참여 학습을 강조하는데 두 서너 개의 테마를 주고 그 테마를 스스로 해결해가면서 문제해결 능력은 물론 팀웍, 창의적 사고능력 등을 배양한다. 다루는 테마는 마케팅 기획력 훈련의 중요한 포인트인 '사고의 유연성' 과 '사고의 유창성' 을 키우기와 관련된 것들이다. 그중 하나를 소개하면 다음과 같다.

"21세기에 히트 칠 수 있는 새로운 비즈니스 아이템 50가지를 찾아보시오"

이와 같은 과제를 주고 조별 활동을 통해 아이디어를 내도록 한다. 참가자들은 이 테마를 놓고 자신의 유창성과 유연성을 최대한 동원해서 나름대로 아이디어를 내놓는다. 참가자들은 처음엔 아이디어를 낼 때 스스로 불가능하다고 체념한 채로 접근하지만 토의에 들어간 지 약 한 시간 정도만 지나면 무수한 아이디어들이 쏟아져 나온다. 토의가 끝나면 그 내용을 발표하는데 이들은 자신들이 생각해낸 튀는(?) 아이디어에 이내 놀라고 만다. 물론 그 아이템들 중에 당장 사업으로 발전시켜 성공할 만한 것들도 많다.

예를 들면 증권방, 각종 체험방, 유아용품 자판기, 에어 캡슐, 미인 난자 판매, 차량 블랙박스, 장례 대행업, 맞춤 서비스, 인력 대행업, 정글 카페, 소프트웨어 리스, 각종 시약, 우주여행 가이드, 사이버 캄, 부모 대행업, 정자 공급업, 애완동물 서비스 등 당시로서는 상상하기 힘든 기상천외한 아이디어들이다.
이런 아이템들은 참가자들이 자신의 무한 보고인 두뇌를 스파링해서 나오는 것들이다.

광고회사에서 카피 또는 CF 제작 등 소위 창조적인 일을 주로 하는 전문가들은 일을 시작하기 앞서 컨셉을 갖고 시작한다. 무턱대고 어떤 테마에 접근하는 게 아니라 미래를 예측하고 또한 현재의 흐름을 읽으면서 대박(?)을 터뜨릴 콘셉트를 잡는다. 가령 미감유창美感遊創, 본화편정本和便情 등이 이들이 주로 쓰는 기본 콘셉트들이다.

그러면 마케팅 컨설턴트가 아이디어나 새로운 것을 착상하는 데 쓰는 비법을 한번 보자. '기획 아이디어 스크린' 기법이라고 하는데 일반인들도 쉽게 배워 사용할 수 있다. 이것은 자신이 착상해낸 기발한 생각 또는 테마를 놓고 과연 상품 가치가 있는지 분석하는 아이디어 체크리스트 법이다. 일종의 아이디어 검색 툴이다.

컨설턴트는 어떤 현상을 진단해서 문제점을 도출해낸 뒤 그것을 해결하는 처방전을 내주는 사람이다. 바로 컨설턴트의 접근법을 응용, 아이디어 개발에 도전해보자.

이에 앞서 새로운 일을 기획할 때 필요한 워밍업이라고 할 수 있는 '2W 1H 기법'으로 몸을 풀고 본격적인 작업에 들어가자.

먼저 '왜Why'를 생각하라. 왜 이것을 해야 하는가를 생각하면 일의 방향이나 컨셉을 쉽게 잡을 수 있기 때문이다. 다음엔 '무엇What'을 생각하라. 그것을 하려면 무엇을 해야 하는데 바로 다양한 아이디어가 그것이다. 마지막으로 '어떻게How'를 생각하라. 어떻게 적용하고 표현할 것인가를 생각하는 과정이다.

이런 기초운동이 끝났으면 새로운 '마케팅 기획 아이디어' 사냥에 나서보자.

첫째, 새로운 것을 찾을 대상이나 해결해야 할 테마를 설정한다.

둘째, '왜Why'를 생각하라.

셋째, '무엇What'을 생각하라.

넷째, 아이디어 거리나 감을 찾는 툴을 설정하라. 초보자인 경우 '다다익선多多益善 법'이 좋다. 다양한 아이디어 발상법이 있지만 포스트잇 법, 마인드 매핑, 만다라 법, 브레인스토밍, 브레인 잼, 브레인 스파링 등에서 하나를 선택한다.

다섯째, 이 툴로 해결해야 할 테마에 대해 아이디어 감이나 거리를 쏟아낸다. 이때는 질보다 양이다.

여섯째, 쏟아낸 아이디어 거리 중 최적의 것을 찾기 위해 우선순위(1위에서 10위까지)를 매겨라.

일곱째, '어떻게How'를 생각하라.

여덟째, 기획 아이디어 스크린으로 최적의 아이디어를 골라낸다. 이 작업은 어떤 아이디어가 기획의도 또는 콘셉트와 궁합이 맞는지 시험해보는 작업이다. 즉, 아이디어의 가치성, 지속 가능성, 수익 가능성 등을 보는 과정이다. 다음 절차에 따라 하면 된다.

★YouPany 공식★

〈최적의 아이디어를 골라내는 방법〉

첫째, '기획 의도/ 콘셉트' 난에 아이디어 계발에 대한 기획 의도 또는 콘셉트를 생각나는 대로 채워라.

둘째, 당신의 아이디어가 기획 의도(콘셉트)와 맞는지 체크하라.

셋째, 완벽하게 맞는가, 약간 맞는가, 혹은 전혀 안 맞는가 등을 체크해가라.

넷째, 만약 완벽하게 맞는다면 그 맞는 점을 강화시킬 방법을 찾아라.

다섯째, 혹시 기획 아이디어를 콘셉트에 맞추기가 어렵다면 그 아이디어에 대해 다시 생각하라.

여섯째, 만약 그 아이디어가 콘셉트와 완전히 반대라면 그냥 넘어가지 말고 그것을 콘셉트에 조금이라도 맞추기 위해 수정할 방법을 생각해보라.

일곱째, 사업화를 생각한다. 아이디어에 대한 검증이 끝나 사업 또는 상품개발 가능성이 있다면 사업 계획서를 작성해 사업화의 과정이나 특허 출원 작업을 밟는다.

명심하라. 누구나 1등을 할 수 없지만, 누구나 기획을 할 수 있는 대박을 터트릴 마케팅 아이디어를 내고 창의적인 사람이 될 수 있다. 마케팅 아이디어를 내는 게 나와는 거리가 멀다고 생각하는 사람은 다음을 주의 깊게 읽어보라.

삼각팬티는 손자를 보던 일본의 할머니가 창안했으며, 코카콜라의 로고를 디자인한 사람은 미술교육을 받아본 적이 없는 경리부 직원이었다. 또한 목화씨 빼는 기계를 발명한 사람은 교사였고, 전신기를 발명한 사람은 미술가였고, 비행기를 발명한 사람은 비행기 엔지니어가 아니라 자전거 기술자였다. 그리고 볼펜을 발명한 사람은 조각가였으며, 홀라후프와 요요를 발명한 사람은 여행가였다.

21세기를 이끌어갈 1인 기업가는 무한한 부가가치를 창출하는 밸류 워커Value Worker임을 잊지 마라. 밸류 워커가 되는 지름길은 바로 마케팅 기획의 첫 단추인 2W+1H 사고를 생활하는 데 있다.

19계 로직의 틀 만들기: '로직트리' 와 '피라미드' 로 무장하라

다음은 카이스트 윤태성 교수의 〈요약, 선택과 집중〉이란 제목의 글이다.

이전에는 학교에서 가정방문을 했다. 그래서 학생들에게 자택 약도를 그리라고 했다. 그러면 학생들은 생각한다. "큰길에서 골목길을 왼쪽으로 돌아서 올라가다가 다시 오른쪽으로 돌아서…." 그러나 너무나 잘 알고 있는 장소인데도 종이 위에 그리는 것은 쉽지 않다. 만약 큰길을 중심으로 그리면 전체는 알기가 쉽다. 그렇지만 골목길처럼 구체적인 장소를 표현하기가 어렵다. 그렇다고 해서 자택 주변을 상세하게 그리면 약도를 보는 사람은 도대체 어디에 붙어 있는 동네인지 모르겠다고 한다.

여백은 한정되어 있다. 어떻게 그릴지 미리 생각하지 않고 약도를 그리기 시작하면 어느 틈엔가 여백은 꽉 차지만 정작 내가 알고 있는 장소는 전혀 그리지 못한다. 그래서 논리적인 사람은 큰길을 중심으로 요약한 다음에 자택 주변만 선택해서 상세하게 그린다. (〈매일 직장인들을 만나면서 이들이 늘 볼멘소리를 하는 게 하나 있다. '문서작성 능력'이 떨어진다는 것이다. 즉 생각한 것을 종이에 표현하는 능력이 없어서 고민이라는 것이다.

나와 같은 1인 기업가들은 모든 일을 혼자 다해야 한다. 말하자면 경리, 영업, 기획, 마케팅 등 모든 것을 스스로 해결하는 게 바로 1인 기업가의 보이지 않는 어려움이다. 그래서 1인 기업을 하는 이들은 공통적으로 부지런하고 자기 관리를 잘 한다.

그런데 1인 기업가가 경리, 영업, 기획, 마케팅 등에서 가장 중요시 생각하는 건 기획력이다. 그러니까 가장 소중한 작업은 자신의 생각을 담은 기획서 작성이다. 이런 남다른 기획능력이 없으면 1인 기업으로 성공은 물론 생존조차 할 수 없다.

'피라미드'와 '로직트리'라는 두 가지 시스템을 소개한다. 로직의 기술과 표현력 향상이 도움이 될 것이다.

첫째, 피라미드 접근법이다.

피라미드(그림1)는 하나의 생각을 넓게 펼쳐가는 접근 방식이다. 가령 당신이 종이 위에 집을 그린다고 생각해보자. 사람들은 집을 그릴 때 보통 지붕부터 그린다. 그런데 실제로 집을 지을 땐 기초부터 닦는다. 즉 당신이 종이 위에 집을 그리는 방식과는 반대로 진행

된다.

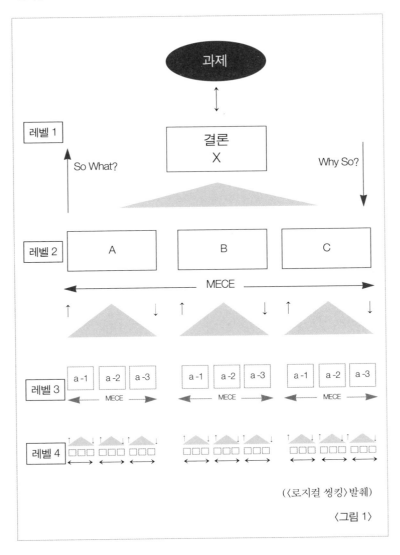

(《로지컬 씽킹》발췌)

〈그림 1〉

피라미드 접근법은 지붕을 올릴 때 그것을 받칠 축 또는 기둥을 세우는 일이다. 한 층씩 올릴 때마다 '왜 그런가' 라는 질문을 무수히 던져서 논리의 집을 쌓는 것이다.

쉽게 말하면 당신이 말하고자 하는 것에 대한 근거를 계속해서 찾아가는 것이다. 즉 'A는 B인데 그 이유는 C다. C는 D인데 그 이유는 E이다' 하는 식으로 일련의 주장 또는 결론에 대한 근거를 찾아서 내놓는 일이다. 이런 과정을 이해하면 당신은 누구한데든지 논리적으로 토론해서 설득할 수 있다.

둘째, 로직 트리다.

로직트리는 피라미드(그림2)를 통해 얻은 논리적 근거를 한 장의 종이 담은 그릇이다. 말하자면 그림을 글로 표현하는 작업이다. 로직 트리는 앞서 소개한 피라미드를 옆으로 눕힌 모양이다. 피라미드를 통해 생각해낸 다양한 근거를 하나의 양식에 담는 것이다.

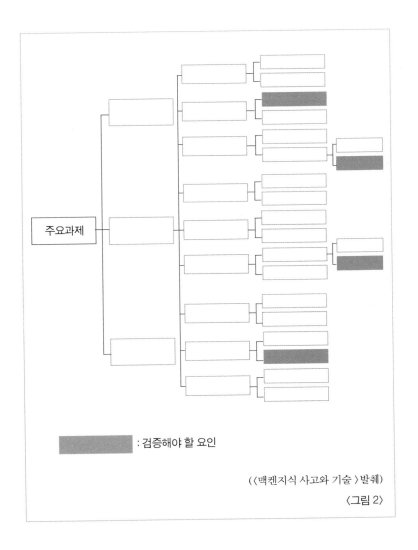

주요과제

■■■■■■ : 검증해야 할 요인

(〈맥켄지식 사고와 기술 〉발췌)

〈그림 2〉

20계   I-Branding 만들기 : 당신의 인생을 3D로 돌려라

●
●
●

자신이 가고자 하는 작업 즉 '레드 오션'에서 살아나기나 파생 직업화 작업이 좀 어렵다면 쉬운 방법이 있다. 바로 '3D 기법'을 적용하면 된다. 여기서 3D는 'Discover → Dream → Design'을 말한다. 즉 '탐색하기 → 꿈꾸기 → 구상하기'다.

다음은 〈중앙일보〉박정현 기자가 '에드워드 권'과 '지 드래곤'을 3D 기법으로 분석한 글이다.
이것을 토대로 당신만의 3D를 구축해보라.

에드워드 권(본명 권영민 · 1971년생) : 요리사

학력 : 영동전문대 호텔조리학과

경력 : 전 버즈 알 아랍 호텔 수석총괄주방장, 2006년 두바이 최고의 셰프
어워드상

Discover방황의 시간을 통해 찾게 된 관심사= 스무 살 대학 재수 시절 무작

정 집을 나와 경양식 집에서 주방 보조와 홀 서빙을 했다. 주방 선배들이 재빠르고 씩씩하며 '제법 잘한다' 고 칭찬한 걸 '요리에 소질 있다' 로 알아들었다. 그래서 선택한 곳이 전문대학 조리학과였다. 요리가 재밌었다. 요리사의 길을 가면 무언가 해볼 수 있을 것 같았다.

Dream글로벌 셰프= '글로벌 셰프' 가 되겠다는 꿈 하나로 치열하게 살았다. 새벽에는 영어 학원을 다니며 영어 실력을 키웠다. 2001년 미국 캘리포니아로 진출했지만 고통의 연속이었다. 매일 수퍼마켓을 다니면서 수백 가지 치즈를 조금씩 사서 바게트 빵과 함께 먹었다. 일종의 '생식 훈련' 을 한 것이다. 새벽 5시부터 다음 날 새벽 1시까지 2년간 하루도 쉬지 않고 하루 20시간씩 일하기도 했다. 2007년 버즈 알 아랍 호텔 수석총괄주방장이 됐다.

Design한국에 세우는 '세계적인 요리학교'=요리가 비싸 많은 사람들이 즐길 수 없는 것이 안타까웠다. 그래서 부담스럽지 않은 가격으로 요리를 즐길 수 있는 레스토랑을 만들고 싶다. 최근 10년 만에 한국으로 돌아와 자기이름을 내건 식당을 준비중이다. 나중엔 장학재단을 설립해 한국에 요리학교를 만드는 것이 꿈이다. 최고의 요리시설을 갖추고 전 세계에서 소수 정예의 학생들만 선발해 3년간 무료로 요리를 가르치는 학교다.

지 드래곤(권지용 · 1988년생): 가수

학력: 경희대 포스트모던음악과 재학 중

경력: 그룹 빅뱅 리더, 2008년 제3회 A-어워즈 스타일부문상

Discover엄마의 손에 이끌렸다= 언제부터인지 기억은 없지만 누군가 꿈이 뭐냐고 물어보던 순간부터 가수가 꿈이었다. 어려서부터 엄마와 손을 잡고 대회와 오디션을 다녔다. 어려서부터 노는 걸 좋아하고, 이 과정에선 엄마의 노력이 결정적이었다. 어린 시절엔 '간 큰 아이'였다. 아무리 나이 많은 어른 앞에서나 여러 사람의 주목을 받아도 떨어본 경험이 없다.

Dream6년간 하루 12시간 맹연습= 룰라는 95년 당시 최고의 혼성 그룹. 7세 때 룰라의 뮤직비디오에 '꼬마 룰라'로 출연했다. 이를 계기로 기획사에 연습생으로 캐스팅됐다. 그것이 인생을 바꿨다. 또래 친구들보다 더 이른 나이에 인생 목표를 정했다. 연습생 시절 하루 열두 시간씩 춤, 노래, 웨이트 트레이닝, 외국어까지 7~8가지 레슨을 받았다. 친구들이 학교에서 영어 단어를 외우는 동안 랩과 안무를 외웠다.

Design거리 간판 보며 작곡하기도=한시도 가만히 있지 못하는 성격이다. 또 다른 무언가를 창작하는 순간이 최고의 휴식이다. 지쳐 숙소에 돌아와도 음악을 만들거나 가사를 쓴다. 작곡을 해야겠다 결심한 순간 주변 모든 것이 음악과 연결된다. 거리의 간판, 영화도 곡에 대

한 발상으로 연결된다. 머릿속에 반짝 하고 뭔가 떠오르면 노트를 꺼내 가사를 써 내려 가거나 음을 흥얼거린다. 무대 위에서 노래하고 랩 하는 것도 좋지만 곡을 만들어 데모 녹음을 할 때가 제일 좋다.

(〈중앙일보〉 발췌)

다음은 내가 3D 기법으로 한 직장인을 컨설팅해준 내용이다. 이 직장인은 대기업에서 홍보 업무만 20년 넘게 해온 팀장이었다. 50 평생 막연히 살아온 이 관리자에게 3D 기법으로 인생의 골격Goak格을 만들어준 셈이다.

이런 작업을 'IBM' 즉 'I-Branding Management' 라고 한다.

★ YouPany 공식 ★

〈○ ○ ○ 부장 IBM〉

● 산만하게 흩어져 있는 것을 〈압축화 +체계화 +상품화〉

*소통 칼럼니스트

*소통 엑스퍼트

* ○ ○ ○ ○ 드리는 교수

*전문가 이미지 부각→대중성 강조

*이젠 ○ ○ ○ 부장이 아니라 ○ ○ ○ 소장이다

*Brand Identity 재구축 또는 포장

*스토리가 있는 브랜딩

*캐치프레이즈 만들기(통해야 통한다!)

*명함 리뉴얼 하기

---

*시장 파이 키우기(외연 확장 등)

*KBS 아침마당, 종편 TV 등

*각종 라디오

● **Reality → Identity → Image → Brand Power**

1.나 홍길동은 ○ ○ ○이다.

　나는 ○ ○ ○=?

　평생 목숨을 걸고 분야 개척

2.아이 브랜딩 프로세스

3. No 1 → Best 1 → Only 1 → Only Best

4. 양 → 질 → 격

솔루션 차별화

강의 재미화

입소문 마케팅

5. 브랜딩 명명

1) 유쾌한 커뮤니케이터

2) 소통 칼럼니스트

3) 소통 디자이너

4) 소통 플래너

5) 소통 애널리스트

6) 소통 마케팅 코치(CMC)

7) 소통 인큐베이터

8)소통 디벨로퍼

→ www.○ ○ ○소통.com

→ ○○○○커뮤니케이션연구소

→ ○○○○소통력 인큐베이터

→ ○○○○소통연구소

5.브랜드 포지셔닝 또는 포트폴리오링

1) 강사

2) 칼럼니스트

3) 저자

4) 방송인

5) CPS 전문가

6) CEO

6.브랜드 파워 업

우선 드러내자

소통 칼럼니스트 네이밍

칼럼니스트 데뷔

글쓰기

출판 제안서 작성

출판 계약

출판

출판기념회

7.출간 아이템

1) 직장인/소통력

2) 대학생/면접전략

3) 중고생/성공인생

21계   출간하기 : 先 샐러터스, 後 1인 기업

다음은 동아일보 김승련 기자의 〈책을 써라, 아니면 짐을 싸라〉라는 글이다.

특파원 생활을 하면서 작은 애로 사항이 하나 생겼다. 인터뷰한 미국 전문가의 프로필을 정리하면서 한국식대로 나이와 출신학교를 적어 넣곤 했는데, 어지간한 자료를 뒤져 봐서는 그걸 알아내기가 힘들다는 점이다. 인터뷰 직후 직접 물어 보기도 했다. 그러나 '별걸 다 묻네'라는 표정을 몇 번 경험한 뒤로는 인터넷에서 찾기로 작심했다.

최근 대담에 초대했던 〈로스앤젤레스타임스〉 출신 작가 제임스만 씨에 대해서는 한때 정보검색을 포기했다. 몇 권의 저서를 남겼고, 지금은 이런저런 집필을 구상하고 있다는 것만 줄줄이 나왔을 뿐이다.

이런 일을 겪으면서 미국의 신문 잡지와 TV에 나오는 전문가의 간략한 이력 표기방식을 유심히 보는 습관이 생겼다. 뉴욕타임스의 외부기고자는 물론 CNN방송 출연자의 소개란에도 'ㅇㅇ대 졸업,

△△대 박사'라는 표현은 눈을 씻고 찾아도 안 나왔다. 현직 이외에 한 가지를 더 쓴다면 십중팔구는 최근 저서명이었다.

아마도 어떤 전문가의 학생시절 성적표보다는 오늘의 성과물을 더 중시하는 실사구시 정신이 작용한 듯하다. 중년이 된 교수들에게서도 30년 전에 다닌 학교의 랭킹을 팔고 싶지 않다는 자존심이 느껴졌다. 혹시 하는 마음으로 책꽂이에서 한국의 어느 문학상 수상집을 들춰 봤다. 출판사가 편집했겠지만, 창작세계보다는 지극히 한국적인 정보들이 작가 이력의 앞머리를 차지하고 있었다. '소설가 A.1960년대 경북 출생. B대 졸업. 대학시절 학내 문학상 수상. 선진국 C대학에서 박사학위 취득….'

기자 역시 이런 시시콜콜한 개인사가 매우 흥미로웠고, 작가 개인을 이해하는 데 도움을 받았다는 점은 인정한다. 이처럼 인생 초기의 성과를 끝까지 달고 사느냐, 오늘의 역량으로 평가받느냐 이외에도 워싱턴과 서울에서 느껴지는 차이가 하나 더 있다.

미국의 전문가들 사이에서는 상호경쟁과 자기평가가 책 쓰기를 통해 이뤄지고 있었다. 대학시절 들었던 "학문 선진국일수록 대학 교수들은 '책, 논문을 써라. 아니면 짐을 싸든가publish or perish'라는 경구를 숙명처럼 품고 산다"는 말을 연상시켰다.

기자와 친분을 나누던 전문가들은 얼마간 뜸하다 싶으면 어느새 '새 책'을 한 권 들고 돌아왔다. "우리 신문에서 워싱턴 정가 메모를 써 왔던 데이너 밀뱅크 기자가 새 책 저술을 위해 당분간 쉰다"는 〈워싱턴포스트〉의 안내문을 발견한 것도 올가을쯤의 일이다. 편집자로부터의 '압력성 격려'가 만천하에 공개된 그 기자의 저술 작업이 얼마나 치열하게, 자부심 속에 진행될지는 어렵지 않게 짐작할 수 있다. 기자에게 어느 대학을 나왔는지를 물은 적은 없어도, 어떤 책을 썼느냐고 물었던 원로 교수 ○○씨는 언젠가 이런 말을 들려 줬다.

"책을 쓴다는 것은 만인 앞에서 지적知的인 옷을 벗는 일이다. 내가 쓴 책을 보고 경쟁자들이 안심할 수도 있다. 그러나 이 길만이 내 존재를 확인하는 길이다."

인상적인 것은 이 교수는 알몸을 드러내는 지적 행위의 사례로 방송 출연이나, 신문 칼럼 게재를 거론하지 않았다는 점이다. 단정적으로 말하기는 조심스럽지만, 한국사회에서 이름을 얻은 전문가의 등용문은 '원고지 10장'으로 상징되는 신문 칼럼이지 않을까 하는 의구심도 없지 않다.

차분하게 책 한 권 읽기보다 10분 만에 '소비'가 가능한 신문 칼럼은 빨리빨리 문화에 더 적합한 소통방식인지도 모른다. 그러나 선진국 지식인 사회의 '책 쓰기=자기 존재 확인' 구조가 2006년의 한국 사회가 넘어설 수 없는 벽처럼 다가올수록, 그 10분은 짧게만 느껴진다. (동아일보 발췌)

많은 것을 시사하는 글이다. 결국 당신이 유퍼니를 개업하기 위해 가장 먼저 해야 할 일은 상품을 만들어서 기업을 공개하는 일이다. 기업을 공개하려면 상품이 있어야 하는데 그 상품이란 바로 '책'이다. 다시 말해 출간을 해야 한다는 것이다. 선先 출간, 후後 1인 기업! 명심해야 한다.

그런데 이 대목에서 중요한 것은 4박자가 있다. 글 쓰기→ 책 쓰기→ 책 내기 → 책 팔기 다 그런데 사람들은 글 쓰기를 책 내기로 착각하는 경우가 많다. 글을 쓰는 것과 책을 내는 것과 책을 파는 건 전혀 다른 개념이란 것을 알아야 한다. 이 부분은 〈유퍼니 10훈〉에서 자세하게 설명하겠다.

나는 20년간 직장생활을 하면서 별난 상사들을 많이 만났다. 그중에 홍보 업무를 맡았던 시절 만났던 상사 이야기를 해보겠다. 그 상사는 별난 직장인으로 소문이 자자했는데 주기적으로 자신의 책을 출간했기 때문이다. 실로 그는 주로 기업 문화와 커뮤니케이션에 관한 책을 퇴직할 때까지 20여 권이나 냈다. 그리고 퇴직을 한 지금도 그 분야에서 전문가로서 자신의 몫을 제대로 하고 있다.

당시 나는 그런 그의 모습을 보면서 부러워도 하고 시기도 했다. 속으로 "나도 책을 낼 수 있으면 좋을 텐데" 생각했다. 그 덕인지 몰라도 이제 나 역시 성공학 컬럼니스트로서 지금까지 수십권의 책을 출간했다.

글 쓰는 직장인, 샐러터스Salaters에 도전하라. 샐러터스는 내가 만든 조어로서 Salaryman과 Writers를 합성한 것이다. 즉 글을 쓰거나 책을 내는 직장인을 뜻한다.

직장을 다니는 이들에게 원고를 청탁하거나 책을 내라고 하면 대부분은 긴장하거나 자신과 무관한 일이라고 생각한다. 그러나 여기서 책을 내라는 것은 출간과는 별개로, 자신이 일로 쌓은 경험이나 지식, 또는 세상에 하고 싶은 이야기를 정리해보라는 의미다.

그렇다면 어떻게 샐러터스에 입문할 수 있을까? 물론 책 한 권 내는 것이 말처럼 쉬운 일은 아니다. 대략 마음먹고 시작해도 6개월은 족히 걸린다. 그러나 걱정할 필요는 없다. 세상에는 나름 노하우라는 것이 있다. 여기서 여러분이 1년 안에 한 권의 책을 낼 수 있도록 비방을 하나 소개하겠다.

샐러터스 워크숍 8단계를 밟아라!

책을 내려면 우선 준비운동이 필요하다. 앞서 언급한 내 상사는 그냥 뚝딱 책을 내는 것처럼 보였다. 그러나 알고 보니 천만의 말씀이었다. 회사 홈페이지에 일주일에 1회씩 기고했던 원고를 모아 출간하는 것이었다. 바로 이것이 보통 직장인이 책을 출간할 수 있는 최고의 비방이다. 그러면 지금부터 샐러터스 워크숍을 시작해보겠다.

첫째, 아이템을 정하라.

이 단계는 쓰고자 하는 주제를 정하는 일이다. 그 주제를 찾는 가장 좋은 방법은 지금 하고 있는 직무를 살피는 것이다. 가령 하는 일이 홍보 업무라면 기업문화, 업장동業場動, 기업혁신, 사내 커뮤니케이션 등을 다뤄도 좋다. 이게 어렵다면 평소 관심을 갖고 열심히 대화를 나누는 주제가 될 수도 있다. 내가 자신 있게 말할 수 있는 그무엇이 주제가 되고 이야깃거리가 된다.

둘째, 읽어라.

글을 쓰는 작업은 하나의 모방 작업이다. 따라서 샐러터스가 되려면 일단 모방을 잘해야 하는데, 이것을 잘하는 가장 좋은 방법은 읽는 것이다. 그렇다면 무엇을 읽을 것인가? 앞서 소개한 'B-100' 즉 책 100권을 독파해야 한다. 그리고 시중에 나와 있는 베스트셀러도 좋고, 좋아하는 작가의 책을 지속적으로 읽어도 좋다. 이것이 어렵다면 신문의 사설이나 저명한 인사의 칼럼도 좋다.

이처럼 읽기를 강조하는 것도 이유가 있다. 읽는 것은 두뇌에 자료를 저장하는 작업이자 글 쓰는 패턴을 몸에 체화시키는 일이다. 즉 글을 쓰는 시스템을 구축하는 일이다. 이것이 잘 구축되면 전문작가처럼 글 쓰는 일도 어렵지 않게 된다.

셋째, 따라잡아라.

따라잡기란 남의 글을 그대로 써보는 필사를 의미한다. 가장 좋은 방법은 신문 사설을 따라 써보는 것인데 대략 30일 정도 써보는 게 좋다. 이런 작업을 연속적으로 하다보면 하나의 글쓰기 패턴을 익히게 된 것이다. 다음엔 그곳에 첨삭을 한다. 내 생각을 넣어도 좋고, 아니면 글 일부를 삭제하고 내 글로 변형해도 좋다. 하나의 샘플 원고로 가감승제를 하는 셈이다. 남의 쓴 뼈대에 내 생각의 살을 붙이는 작업도 30일 연속으로 해야 효과를 볼 수 있다.

넷째, 써라.

여기서 글을 쓰라는 것은 전문작가가 되라는 의미가 아니다. 샐러터스가 되는 것은 전문작가라는 목표와는 별개로, 내 생각을 정리해

하나의 형식으로 매듭짓는 작업을 뜻한다. 멋진 글이 아니더라도 당신만의 생각이나 이야기를 일정한 패턴에 담아보는 것이다. 이것을 전문 용어로는 패턴 라이팅Pattern Writing이라고 한다.

다섯째, 올려라.

글을 썼다면 보여줄 공간이 필요하다. 그곳이 사내 홈페이지면 좋지만, 어렵거나 기회가 주어지지 않는다면 블로그를 직접 만들어 올리면 된다. 중요한 것은 온라인상에 올려야 한다는 사실이다. 특히 주기적이고 공개적인 곳이면 더 좋고, 마감이 있다면 금상첨화다. 마감의 힘으로 어쩔 수 없이 쓸 수 있기 때문이다.

대략 주기적으로 10회 정도 기를 쓰고 올려보면 성취감과 자신감 같은 내공이 쌓인다. 물론 이것도 지속적으로 해야 한다.

여섯째, 묶어라.

이 일은 매듭을 짓는 단계다. 만일 한 사이트에 52주 연속, 즉 1년 정도 지속적으로 기고했다고 치자. 이 원고를 일목요연하게 정리해 묶으면 1차적인 출간 준비가 된다. 도자기로 말하자면 초벌구이인 셈이다. 이 초벌구이는 아주 중요하므로 이것을 주위 동료나 사내 전문가에게 보여주고 평가를 받아보는 것도 좋다. 이후에는 이들의 조언과 아이디어를 바탕 삼아 다듬고, 프린트를 해서 책의 형태로 가제본을 해보는 것도 좋다.

일곱째, 들이대라.

이 단계는 출판사를 찾아 책을 출간하는 시기이다. 그러려면 묶은 내용 즉 가제본을 바탕으로 목차를 구성하고 '왜 이 책을 내야 하는지', '이런 이야기를 하고 싶다', '이것을 쓰게 된 배경이나 동기' 등을 바탕으로 출간기획서를 만들어야 한다. 이것이 작성되면 출판사에 제안해서 출판 계약을 해라. 여기에 성공하면 한 권의 책을 내는 작업 중에서 8부 능선을 넘은 셈이다.

여덟째, 출간하라.

계약이 성사되었다면 이제 쓴 내용을 출간 의도에 맞게 재정리해야 한다. 자료를 보충하고 다듬어 더 읽기 쉽게 만드는 것이다. 그러려면 대략 3개월 정도 시간이 필요하다. 이 단계는 막연했던 글을 더 세련되게 메이크업하는 과정인데, 만일 혼자서는 어려우면 전문가의 도움을 받아라.

이렇게 8단계의 작업을 마치면 당신도 어엿한 샐러터스다. 당신은 상품을 만들었고, 나아가 당신의 브랜드를 얻은 것이다. 세상은 브랜드를 가진 이들은 가만히 놔두지 않는다. 책을 내고 나면 반드시 세상이 당신을 콜Call하는 순간이 다가온다.

실제로 일본의 저술왕으로 유명한 나카타니 아키히로는 20여 년간 900권이 넘는 책을 출간했다. 1년에 60권 정도 낸 셈이다. 그의 꿈은 평생 3천 권의 책을 저술하는 것이다. 인간의 능력은 무한하다. 책을 읽는 데 그치지 말고 직접 써보자. 당신의 경험과 지식을 바탕으로 샐러터스에 도전하면 가히 훌륭한 경험과 지식을 얻을 것이다.

22계   독립만세 부르기 : 캐치프레이즈를 만들어라

캐치프레이즈는 당신의 기업 사명이나 경영 철학과 같다. 내 캐치프레이즈는 "누구나 1등은 할 수 없지만 누구나 성공할 수 있다!"다. 내가 10년 동안 1인 기업을 하면서 강조하는 게 바로 "Everybody Success!"다. 즉 "누구나 성공한다!" 캐치프레이즈는 당신의 1인 기업 철학을 함축해놓은 문구여야 한다.

이것을 만드는 일은 좀 어려운 작업이다. 당신의 생각이 무엇이고 1인 기업을 통해 무엇을 시현하려고 하는가? 즉 무엇을 위해 이 일을 하는가? 하는 자문을 해보면 실마리를 잡을 수 있다. 집으로 말하자면 가훈 같은 것이다. 한 집안에 가훈이 있고 없고에 따라 그 집안의 가풍이 달라지듯이 캐치프레이즈가 있고 없고는 당신이 성공하는 데 있어 소중한 이정표가 된다.

다음은 동아일보 최영해 기자의 〈좋은 슬로건 나쁜 슬로건〉이란 글이다.

지난해 여름 미국 샌프란시스코에 출장을 갔을 때다. 휴대전화에 문제가 생겨 통신회사 AT&T 대리점을 찾았다. 그곳에서 LG 휴대전화를 갖고 있는 한 노부부를 만났다. 노부부는 기자를 보더니 LG 로고를 가리키면서 "Life is good!"이라며 엄지손가락을 세워 보였다. LG 브랜드의 뜻을 LG전자의 슬로건인 'Life's good'으로 알고 있었던 것이다. ㈜럭키와 ㈜금성사가 합쳐진 '럭키금성Lucky Goldstar'에서 머리글자를 따 1995년 LG 브랜드를 만들었는데 'Life is good'에서 따온 것으로 알고 있다니 웃음이 나왔다. 그래도 기업 슬로건으로는 성공한 경우라 할 수 있다.

어제 발간된 동아비즈니스리뷰DBR가 브랜드 전문가 20명을 대상으로 30대 기업과 16개 광역 지방자치단체의 슬로건을 평가했다. 1위는 GS칼텍스의 'I am your energy'. 간결하고 쉬운 단어로 소비자가 자신과 제품을 동일시할 수 있도록 했다는 평가가 나온다. 2위는 LG전자의 'Life's good'. 생활의 편리함과 삶의 행복이라는 가치를 LG 이니셜로 간결하게 풀었다는 것. 3위는 삼성생명의 '사람, 사랑 그리고 삼성생명'. 생명보험사의 핵심 가치인 사람에 대한 사랑을 담은 점이 평가를 받았다. 〈〈동아일보〉 발췌〉

내 멘티 중 여행업을 하는 전문가가 있다. 그 전문가의 이름은 신영도다. 명함을 리뉴얼해준 적이 있다. 기존 명함에 나와 있는 복잡한 것들은 삭제하고 이름이 '영도'라는 콘셉트를 잡고 '0°C'라고 했다. 그리고 캐치프레이즈도 만들었다. '세계일주는 생각이다'라고 말이다. 물론 영도 씨는 무척 좋아했다.

다음엔 사업자 등록을 해라! 사업자 등록이란 당신이 이 세상에 '나는 이런 사업을 하는 사람이고 나는 기업의 사장이고 나는 법인 이라는 것'을 법적으로 공표하는 일이다. 그러자면 당신의 상호를 만들어야 하는데 앞서 만든 명함의 상호를 그대로 쓰면 된다. 중요한 건 당신 이름 석 자가 들어가야 한다.

가령 〈홍길동 ○○○.com〉식이면 된다. 아니면 〈이내화성공전략 연구소〉처럼 개인의 이름이 들어가야 한다.

이것을 마치면 이제 당신은 당당한 1인 기업의 CEO로 자리 매김을 하는 것이다. 세무서에 가서 알아보면 된다. 단돈 1만 원이면 당신도 독립 만세를 외칠 수 있다.

23계 지속적 진화하기 : 노출지수 = 성공지수

'1인 기업 인큐베이팅' 과정에 참가하는 이들 중에는 나름 경력과 스펙이 대단한 이들이 많다. 그들이 찾는 가장 큰 이유 중 하나는 너무나 사소하다. 그것은 '자기 노출' 이다.

1인 기업을 하려면 자신이라는 상품을 토대로 기업을 공개하는 과정이나 다름없다. '온실' 에서 벗어나 '정글' 로 나서려면 생존을 위한 서바이벌 키트가 있어야 한다. 맨땅에 헤딩할 순 없는 노릇이다.

그래서 나는 이들이 찾아와 상담을 할 때 가장 먼저 체크해보는 것이 있다. 바로 '노출지수' 체크다. 노출 지수체크는 어떻게 하는 것일까? 인터넷 등 온라인상에서 그 사람이 얼마나 등장하는지 알아본다.

네이버, 구글, 다음 등 검색엔진에 이름 석 자를 입력해보면 바로 알 수 있다. 이 말은 1인 기업으로 살기 위해서 그 사람을 세상이 인지해야 하는데 이것이 안 되면 '맨땅에 헤딩하는 꼴' 이라는 것이다. 물론 이렇게 되면 이마는 터지고 아픔이 따른다.

그렇다면 이들의 노출지수가 왜 이렇게 빈약할까? 자신이 다니는 회사나 직장만 믿고 온실 안 화초처럼 살아왔기 때문이다. 이렇다 보니 자신을 세상에 알리거나 아니면 나름 마케팅할 필요가 없었다. 이들은 온실 안만 좇았지만 온실 밖으로 눈길조차 주지 않았다.

사실 내가 오늘날 1인 기업 1세대로 살아올 수 있었던 것은 다름 아닌 성공학 칼럼니스트로 활동했기 때문이다. 즉 세상의 검색엔진이 나를 주목하고 공적으로 소개를 해주었기 때문이다. 유퍼니로서 성공은 검색엔진에 달려 있는 셈이다.

결국 노출지수가 빈약하다는 것은 세상이 당신을 전혀 모르고 있다는 말이다. 그런데 재미있는 것은 이 점에 있다. 1인 기업가의 무대는 세상이고 그 세상의 주인공인 사람들에게 물건을 팔아야 한다. 이 점을 생각한다면 당신이 해야 할 일은 무엇일까?

당신이 노는 놀이터를 바꾸어야 한다. 그 놀이터는 지금까지 해온 골프장, 산, 테니스장, 술집, 바다, 게임장 등이 아니라 온라인이다. 이젠 이곳에 베이스캠프를 치고 이곳에 있는 작거나 큰 산을 하나씩 점령해가야 한다.

어떻게 노출을 할까? SNS를 사용해야 한다. 다시 말해 블로그, 페이스북, 트위터 등이다. 이보다 더 중요한 것은 다름 아닌 인터넷 매체 등에 당신의 글을 올려야 한다는 것이다. 바로 당신만의 소중한 놀이 공간이라고 할 수 있는 커뮤니티를 구성해야 한다. 내 프로그램에 참석하는 이들은 무조건 온라인상에 커뮤니티를 개설하도록 한다. 주로 하는 곳은 〈○○미디어 〉직장인 커뮤니티가 대표적인 곳이다. 꼭 이곳이 아니더라도 자신의 놀이터가 온라인상에 있어야 한다. 지금 주목 받는 곳은 다음의 브런치Brunch라는 커뮤니티다.

내 멘티들은 대개 이곳에서 논다. 그래야 세상과 통로인 인터넷이 주목하고 그 통로를 통해 세상이 당신을 찾고, 당신에게 SOS를 보낼 수 있다. 이를 통해 당신의 세상과 소통해서 이들에게 솔루션을 제공하고 그를 통해 수익을 낼 수 있다.

다음은 내 프로그램에 참가한 이들이 한 미디어에 개설한 커뮤니티 명이다.

> # 000의 0잡이 # 000의 0나무 키우기 # 000의 00시공 # 000의 0테크 # 000의 0처프레너 # 000의 0 콘텐츠 # 000의 공감이야기 # 000의 00 365 # 000의 000 샐러리맨

이들은 이 온라인 커뮤니티를 신문사로부터 무료(사실 이 정도 공간이면 월 임대료가 1천만 원에 달한다)로 제공 받아 열심히 자신을 세상에 드러내고 있다. 즉 전문 칼럼니스트로 활동하면서 노출지수를 업그레이드하고 있다. 혹시 이것이 궁금하면 당신이 이들 이름을 하나 골라 검색엔진에 입력해보라. 이들의 글이 당당하게 나올 것이다.

이쯤해서 당신은 이런 생각을 할 것이다. 나도 땅을 불하받아서 개점을 하고 싶은데 무엇을 해야 할까? 콘텐츠가 있어야 한다. 따라

서 가장 시급한 것은 당신의 생각이나 아이디어 등을 논리적으로 표현할 수 있는 글쓰기 능력이다. 구슬이 서 말이라도 꿰지 않으면 소용이 없듯이 생각을 글로 표현할 수 있어야 한다. 그러자면 지금 당장 글쓰기 능력을 배양해야 한다.

24계   정상에 오르기 : 세상은 2등을 기억하지 않는다

혹시 경마장에 가본 적이 있는가? 경마 경기를 보면 결승선에 경주마 서너 마리가 동시에 들어오는 경우가 있다. 대략 시속 80킬로미터 정도 달리니까 육안으로는 어느 경주마가 1등이고 2등인가를 가려내기가 어렵다. 이렇다 보니 경마장엔 사진판독실이 있다. 말이 결승선을 들어오는 순간을 250컷으로 찍어 분석을 한다. 1장면을 1/250커트로 나누어 보는 것이다.

경주마 1등과 2등을 가르는 것은 말 머리 하나 차이라고 한다. 이것을 시간으로 계산하면 1/1,500초라고 한다. 그런데 재미있는 건 1등 경주마와 2등 경주마가 가져가는 상금이 차이가 많이 난다는 사실이다. 1등에는 프리미엄이 붙는다. 1등과 2등의 차이는 사소한 차이지만 그 사소한 차이가 내는 부가가치의 차이는 실로 엄청나다.

더 소중한 교훈은 '세상은 2등을 기억하지 않는다' 라는 것이다. 황영조 선수가 바르셀로나 올림픽에서 금메달을 땄을 때 은메달을 딴 선수가 누구인지 기억하는가?

우리나라에서 열린 국제마라톤대회에서 이봉주 선수가 1등을 했는데 2등한 선수를 기억하는가?

대서양을 비행기로 첫 횡단하는 데 성공한 린드버그를 기억하겠지만 두 번째로 성공한 사람을 기억하는가?

도버 해협을 수영으로 횡단한 최초의 여성은 플로렌스인데 두 번째로 횡단한 여성을 기억하는가?

바르셀로나 올림픽 100미터 경기 우승자는 크리스티다. 그녀의 기록은 2등과 0.01초 차이였다. 그러나 사람들이 기억하는 이는 우승한 크리스티뿐이다.

2등은 아무도 기억해주지 않는다. '세상은 2등을 기억하지 않는다' 라는 '1등 프리미엄 법칙' 은 기업의 세계에서도 마찬가지다.

흔히들 앞서가는 기업은 '3선' 을 잘한다고 한다. 3선이란 무엇을 하든지 '선수' 를 쳐서 '선공' 한 다음 '선제' , 즉 먼저 제압해야 한다는 뜻이다.

시스코 시스템즈 CEO 존 챔버스는 이런 말을 했다.

"덩치가 크다고 해서 항상 작은 기업을 이기는 것은 아니지만, 빠른 기업은 느린 기업을 언제나 이긴다."

남보다 앞서 가야 한다는 이야기다. 그러자면 당신이 무엇을 해야 할까? 얼리 액터Early Actor가 되어야 한다. 축구선수 박주영을 보면 체구는 작지만 남보다 공을 많이 갖고 있다. 그 이유를 한 전문가는 반보선행半步先行 전략에 있다고 했다. 박 선수가 남보다 빠르지만 그것이 많이 앞선 게 아니라 반 보 앞섰다는 것이다. 즉 얼리 액터란 남보다 반 보 빨리 행동하라는 것이다.

강의를 하는 기업체 중에는 해당 분야에서 국내 정상을 달리는 곳들이 많다. 그런 곳에서 강의를 할 때 나는 구성원들에게 꼭 이런 메시지를 전한다.

"잘나가는 기업에 몸담고 있는 당신들이 조금은 불쌍하다."

다소 엉뚱한 이야기를 하는 건, 바로 모든 살아 있는 유기체는 라이프 사이클이 있기 때문이다. 1등이 갈 곳은 '0등' 이 아니라 '2등' 이기 때문이다. 정상에 서 있는 기업은 이제 내려갈 길밖에 없다는 것이다. 더러는 계속해서 성장하는 경우도 있지만 대다수는 내려가게 마련이다.

영원한 1등은 없는 법이다. 그러나 영원한 1호는 있다. 당신이 무엇을 하든 1호가 되려면 남다른 노력을 해야 한다. 세상은 2등은 기억하지 않지만 1호는 기억한다.

25계 　마스터피스 되기 : 유퍼니 10훈! 운6 기4로 풀어라

골프 치는 이들에게 전설처럼 내려오는 사자성어가 있다. '운칠기삼'이다. 이 말은 골프를 잘 치는 데는 운이 70퍼센트 기술이 30퍼센트가 작용한다는 것이다.

유퍼니를 준비하는 데도 이와 같은 사자성어가 있다. 물론 내가 지어낸 것이다. 바로 '운6기4'다. '운'은 운동을 말하고, '기'는 기술을 말한다. 운6은 경험, 지식, 노력, 가공능력, IT 운용력, 관계력이다. 기4는 글쓰기, 책 쓰기, 책 내기, 책 팔기를 의미한다. 그리고 이 10가지 항목을 나는 '유퍼니 10훈'이라고 부른다.

1훈 : 글쓰기

글쓰기는 1인 기업으로 살아가려는 이에게 가장 소중한 기능이다. 이 능력이 없으면 자신을 표현할 수 없다. 글을 쓸 줄 모른다는 건 자신의 생각이나 아이디어를 담아낼 줄 모른다는 것이다. 글쓰기란 SNS 등을 통해 표현하는 능력을 말하는 것이 아니라, 자신의 생각을 논리적으로 최소한 A4 용지 2~3매 정도는 표현할 수 있는 서술

능력을 말한다. 간단하게 말해 운전면허증이라고 보면 된다. 면허증 없이 자동차를 몰 수 없는 노릇이다.

2훈 : 책 쓰기

흔히 글을 쓸 수 있으면 책도 쓸 수 있다고 생각하지만 절대로 그렇지 않다. 글쓰기와 책 쓰기는 콘셉트이 다르다. 글쓰기 능력이 A4 용지 2~3매 정도라면 책 쓰기 능력은 A4 용지 150매 정도가 된다. 글쓰기가 단거리 달리기라면 책 쓰기는 마라톤과 같다. 단거리와 마라톤은 그 개념이 아주 다르다.

운전면허증을 따고 운전을 잘 하려면 부단한 연습이 필요하듯이 책 쓰기는 주행 능력이라고 보면 된다.

3훈 : 책 내기

언뜻 보기에 책 쓰기와 책 내기는 같은 개념으로 보일 것이다. 그러나 이것 또한 아주 다르다. 책을 썼다고 해서 책이 세상에 나오는 것은 아니다. 출판사가 책을 출간해야 한다. 산모가 임신을 했다고 해서 아이가 바로 나오는 건 아니다. 약 10개월간 걸쳐 아이를 산모 뱃속에서 키워야 한다. 이렇듯 책 내기는 다르다. 책을 내려면 우선 출간제안서를 만들어야 한다. 출간제안서를 만들려면 기획의도, 출간 프로세스, 차례 구상 등 세부적인 작업이 필요하다.

4훈 : 책 팔기

글을 쓰고 책을 써서 당신이 쓴 책이 세상에 나왔다고 하자. 그런데 독자가 외면을 한다면 소용없는 일이다. 그래서 책 팔기를 다른 말로 표현하면 '저자 마케팅력', 또는 '저자 티켓 파워'라고 부른다. 가령 베스트셀러 작가인 김난도, 황석영, 김훈, 한비야 등을 떠올려 보라. 책을 내는 출판사는 책을 팔아서 운영하는 조직이다. 그래서 이들은 책 내기보다는 책 팔기에 주력한다.

책 한 권을 내는 데는 대략 2,000~3,000만 원 정도 비용이 들어간다. 그런데 책을 내놓고 책이 안 팔린다면 출판사는 2,000~3,000만 원 적자를 내게 된다. 이 출판사가 이 적자를 메우려면 다른 책이 수만 권 팔려야 한다. 그래서 출판사는 저자와 출판 계약을 할 때 저자의 마케팅력, 즉 책 팔기 능력을 본다. 이게 떨어지는 저자에겐 출간 의뢰를 안 한다. 물론 저자가 직접 자비를 들여서 자가 출판하는 경우도 있지만 이것 역시 책이 안 팔리면 손해를 본다. 이것 역시 당신의 몫이다.

5훈 : 경험력

내가 강조하는 '유퍼니'라는 콘셉트는 간단하다. 당신이 기업이라는 것이다. 기업을 하려면 당연히 팔 거리가 있어야 한다. 사람들에게 유퍼니를 실행하여 무엇을 팔겠느냐고 물으면 다들 고민에 빠질 것이다.

유퍼니는 당신을 파는 일이다. 여기서 'You'를 나는 '유(唯)'라고 한다. 그러니까 당신만이 갖고 있는 유일한 것이면 된다. 그것에 당신이 상표를 붙여 브랜딩하는 게 '유퍼니력'이다. 유퍼니는 자신의 경험과 지식을 팔아서 경지에 오르는 일련의 과정이다.

이제 당신만이 갖고 있는 '유'로 돌아가보자. 그것은 바로 당신이 그동안 살아오면서 축적한 경험이다. 그 경험이 깊으면 깊을수록 좋다. 장맛은 오랫동안 숙성될수록 깊은 맛을 내지 않던가. 결국 경험을 풀어서 당신만이 맛을 우려내는 일이다. 경험력은 당신만이 드러낼 수 있는 특징이다.

6훈 : 지식력

지식 기반 사회라고 한다. 지식이 기본이 되는 세상이라는 의미다. 앞서 언급한 것처럼 유퍼니를 만드는 과정은 나는 'I -COOK'이라고 한다. 이것을 풀면 'I. Com On Knowledge'가 된다. 즉 자신이 요리하는 일이라는 것이다. 유퍼니란 지식 기반 1인 기업이라는 의미다.

지식력은 오랜 시간이 걸리는 경험과는 달리 노력만 하면 얼마든지 키울 수 있다. 그 첩경은 책과 신문 그리고 세상을 보는 눈과 메모에 달려 있다. 이 중에서 특히 중요한 것을 꼽으라면 책과 신문 읽기라고 하겠다. 그래서 이런 이야기를 자주 한다. 유퍼니는 '실력'이 나이라 '시력'이다.

7훈 : 가공력

가공력이란 당신의 가장 큰 자산인 경험과 지식을 상품으로 만들어내는 능력이다. 구슬도 꿰어야 보배라고 했다. 아무리 경험과 지식이 많더라도 그것을 엮어 상품으로 만들 수 없으면 소용 없다. 가공력은 상품을 만들어내는 레시피라고 해도 된다.

가공력은 부단한 노력을 통해서만 구축된다. 어떤 콘텐츠를 만들어 낼 것인가? 어떤 상품을 세상에 내놓을 것인가? 무엇을 팔 것인가? 등을 생각하면서 지속적인 공부와 학습을 해야 한다. 유퍼니라고 해서 그냥 명함 파고 간판 걸면 되는 건 아니다. 세계적인 쉐프들이 밤잠을 설쳐가면서 자신만의 레시피를 만들어내듯이 해야 한다. 가공력은 연습과 노력에 비례한다.

8훈 : 관계력

나는 사업이건 1인 기업이건 장사건, 모든 건 사람이라고 말한다. 사람이 답이다. 수년 전 이런 휴먼루션Human과 Solution의 합성어을 만들었다.

관계력이란 사람과 사람 사이를 이어주는 능력을 말한다. 성공하는 이들은 이 관계력이 탁월하다. 이들은 우연히 만난 사람도 인연으로 만들고 그 인연을 필연으로 이어간다. 그래서 그 우연을 성공을 위한 자산으로 활용한다.

유퍼니를 세우면서 가장 먼저 해결해야 할 것이 있다면 인연을 재구성하는 일이다. 흔히 말해 인맥을 말하는데 그냥 인맥이 아니라 나를 도와줄 '활성 인맥'을 재정리하려면 평소 give를 많이 해야 한다. 퍼주어 손해보는 장사는 없다.

9훈 : IT 운용력

아마 여러분이 취약한 능력이 바로 IT 운용력일 것이다. 무엇보다 당신이 '아재'나 '개저씨' 소리를 듣지 않으려면 SNS 등 IT 운용능력을 챙겨야 한다.

요즘 세상은 초연결사회Hyper Connected Society라고 부른다. 이젠 연결하고 나아가 공유하는 세상이다. '나이는 숫자에 불과하다' 라는 말을 하면 세상이 변하는 대로 당신도 보조를 맞춰야 한다. 세상이 빨리 변하면 당신도 쉽게 잊히기 때문이다. 물론 SNS 등을 잘한다고 해서 꼭 좋은 '유퍼니' 가 되는 건 아니지만 이왕이면 다홍치마라고 했다.

10훈 : 노력

이런 말을 자주 한다. "정상인들은 정상에 오르지 않는다!" 어느 분야건 정상에 오른 이들은 한결같은 공통점이 있다. 한 곳에 미쳐 있다는 것이다. 이들이 미치기 위해선 부단한 노력을 한다. 성공이 가장 좋아하는 반찬은 '노력' 아니 '노오오오오오력' 이다. 노력이 좋아하는 반찬은 무엇일까? '땀' 과 '피' 다. 우리는 이것을 영광의 상처라고 한다. 상처 없이 무엇을 쟁취할 수 있는가? 노력은 당신이 성공을 위해 지불해야 할 수업료다. 그래서 성공은 '자연산' 이 아니라 '양식' 이라고 한다. '양식' 을 하자면 부단히 관리를 해야 하는 것과 마찬가지다.

26계 나는 유퍼니다 : 선한 영향력을 끼쳐라!

●
●
●

다음 글은 조용헌 씨의 〈매설가賣說家 직업〉이란 칼럼이다. 그는
이 글을 통해 1인기업가, 즉 유퍼니에 도전하는 사람의 자세와 유퍼
니의 장점을 잘 소개하고 있다. 나는 이글을 코칭할 때마다 읽히고
있다. 그리고 명쾌한 지침으로 정해놓고 있다.

'매설가賣說家'는 '이야기說를 팔아서 먹고사는 직업'이다. 사고판
다는 의미의 '매買'나, '매賣'자가 들어가면 매춘賣春이나 매판자본買
辦資本이라는 단어가 연상되어서 느낌이 썩 좋지는 않다. 필자처럼
신문에 칼럼을 써서 먹고사는 사람은 매설가에 해당한다.
칼럼이라는 게 따지고 보면 다 '설說' 아닌가! 문제는 이 '설'이 과
연 팔릴 수 있는가이다. 독자가 읽어줘야 매설가로서 살 수 있는 것
이다. 그러자면 재미있는 설을 끊임없이 수집, 채취하고 가공하고
다듬어야 한다.

매설가의 가장 일차적인 작업은 채담採談에 있다. 끊임없이 재미있

는 이야기를 채취해야 하는 것이다. 이야기는 사람에게서 나오는 수도 있고, 여행하는 과정에서 나오는 수도 있고, 역사적인 유적지에서 나오는 수도 있고, 책을 읽다가도 나오고, 고생하는 과정에서도 나온다. 독서, 여행, 사람, 풍경, 고생에서 이야기가 만들어지고 수집되는 셈이다.

직업적인 매설가로서 자리를 잡으려면 어느 정도 독서를 해야 할까. 사람에 따라 다르겠지만 적어도 5,000권 정도의 책은 읽어야 한다고 생각한다. 수隋나라 때 최표라는 인물은 자기 방문 앞에 이렇게 쓴 글씨를 걸어놓았다고 전해진다. '부독오천권서不讀五千卷書 무입차실毋入此室'. '책 5,000권을 읽지 않은 사람은 이 방에 들어오지 마시오'라는 글귀였다. 5,000권도 읽지 않은 사람이 이 방에 들어오면 할 이야기도 없을뿐더러, 나누는 대화도 재미가 없다는 뜻이리라. 독서를 폭넓게 하지 않으면 나누는 이야기도 진부해지기 쉽다.

여행도 그렇다. 운무雲霧와 석양이 있는 명산대천을 많이 보아야 한다. 사막도 좋다. 밤에 고요한 사막을 걸어보면 초월적인 느낌이 오고, 사고의 폭이 확장된다. 사람은 괴팍한 스타일이나 어느 분야에 10년 이상 몰입한 경험이 있는 사람을 만나야 이야깃거리가 있다. 장인匠人이 사연이 많다. 정신세계를 탐험한 도사들을 만나보는 것도 도움이 된다. 눈에 보이지 않는 세계야말로 무궁무진한 이야깃거리를 제공한다.

매설가의 장점은 무엇인가? 출퇴근이 없고, 정년이 없고, 만나기 싫은 사람은 안 만나도 되고, 승진과 인사고과 부담이 없어서 좋다.

이 칼럼을 통해 아마 이것 역시 만만한 작업이 아니구나 하는 것을 눈치챘을 것이다. 늘 강조하는 말이 있다. 성공은 3가지를 먹고 자란다! 피, 땀 그리고 눈물이다. 대개 사람들은 현상을 보기 일쑤다. 성공의 본질은 당신이 생각한 것과는 딴 판이고 더러는 판이 아닌 틀이 바꾼 것일 수도 있다. 성공은 당신이 뿌린 대로 당신이 심은 대로 거두는 열매라고 보면 된다.

조 씨는 조선일보에 〈조용헌 살롱〉이란 칼럼을 운영하고 있다. 그는 1주일1~2개 글을 기고하는 데 지금까지 1,000회 넘게 지속적으로 글을 쓰고 있다. 이 글을 통해 칼럼니스트로서 자신의 지명도도 높이고 저명한 강사가 되었다. 그는 필자가 말하는 유퍼니의 전형적인 모델이라고 본다.

그는 책과 글과 강의로 우리 국민들에게 선한 영향력을 끼치는 사람이다. 나는 이런 사람을 Influencer라고 부른다. 유퍼니가 가는 극한의 모습이다. 당신이 내가 소개한 26계명을 밟아 가면 당신도 Influencer로서 주변에게 빛과 소금같은 역할을 할 수 있을 것이다.

죽어도 Your Way를 가라

다음은 정진홍 씨의 〈너의 길을 만들어라〉라는 글이다.

\# 지난 주말 '제주올레'를 걸었다. 죽었던 제주가 올레 덕분에 다시 산다는 말이 있을 만큼 그것은 제주의 명물이 됐다. 본래 '올레'란 자기 집 마당에서 마을 어귀까지 이르는 골목길을 이른다. 이것을 전 시사저널 편집장인 서명숙씨가 '놀멍 쉬멍 걸으멍(놀며 쉬며 걸으며) 천천히 걷는 길'로 재정의해 2007년 9월 제주도 동쪽 시흥초등학교에서 출발하는 제1코스를 시작으로 지금까지 14코스의 제주올레를 연 것이다. 그녀는 숨은 길을 찾아냈고 끊어진 길을 이어냈으며 사라진 길을 되살렸고 없던 길을 새로 냈다.

\# 서명숙씨는 본래 제주도 서귀포 출신이다. 어린 시절엔 갑갑하게만 여겨지던 그곳을 얼른 벗어나 휘황한 불빛과 높은 빌딩이 즐비한 서울로 가기를 고대했었다. 그녀는 고향 제주에서 산 것의 갑절이 넘는 30년 이상을 서울에서 살았다. 대학을 마치고 결혼해서 아이를 낳고 다니던 직장에서 편집장 자리까지 차고 앉아 봤다. 그러

나 그새 그녀의 몸과 맘은 만신창이, 삭정이가 돼 있었다. 그녀는 다니던 직장을 그만두고 스스로 백수가 된 후 성 야고보가 복음을 전파하기 위해 걷기 시작했고 1000년 넘게 수많은 가톨릭 신자가 순례했으며 작가 파울로 코엘료의 삶을 바꿔놓았다는 도보 여행자들의 성지길, '산티아고 길' 800킬로미터를 자신의 치유를 위해 걸었다. 2006년 9월, 그녀 나이 50세 생일을 한 달여 앞둔 때였다.

　# 산티아고 길의 막바지 여정에서 그녀는 영국인 길동무한테 이런 말을 들었다. "이제 너는 너의 나라로 돌아가서 너의 카미노길를 만들어라. 나는 내 카미노를 만들 테니." 이 한마디가 그녀를 감전시켰다. 그리고 저지르게 했다. "산티아고 길이 성 야고보의 히스토리history가 숨쉬는 길이라면 나는 설문대할망과 그녀의 후손인 해녀들의 허스토리herstory가 담긴 길을 만들겠노라"고. 그래서 태어난 것이 바로 지금 나와 너, 우리가 함께 걷는 제주올레다.

　# 제주올레는 차로 30~40분이면 갈 거리를 하루 종일 걷는 느리고 더딘 길이다. 그러나 거기엔 살아 있는 숨이 있고 넘실대는 생명이 있으며 가슴 벅찬 감동이 있다. 승리와 성공의 견인차처럼 둔갑한 빠름이 결코 대신할 수 없고, 결국 따라잡을 수도 없는 것이 실은 느림이며 그것이야말로 진정 생명의 수호자임을 온몸으로 느끼게 해 주는 것. 그것이 바로 제주올레의 진면목이다. 본래 생명은 느린 것이다. 느린 것이 삶을 잉태한다. 그리고 그 느림 속에서 삶은 숙성된다. 이것을 스스로 깨닫게 해 주는 것. 그것이 제주올레를 걸어야 할

진짜 이유다.

\# 걸으면서 보고 느끼는 것을 차타고 가면서는 결코 할 수 없다. 걸으면서 땅을 딛고 가는 것과 자동차를 타고 허공에 떠가는 것은 하늘과 땅만큼의 격차가 있다. 차를 타고 휙휙 지나가며 호텔과 골프장에만 처박혀서는 결코 알 수 없다. 걸어 봐야 느끼고 헤매 봐야 맛볼 수 있는 것이다. '빨리빨리' 허둥대며 바삐 돌아가는 이들에겐 숨겨진 비밀을 '간세다리게으름뱅이'는 어렵지 않게 찾을 수 있다.

\# 대개 빠름은 더 많은 소유를 추구한다. 반면에 느림은 더 많은 내려놓음을 가져온다. 가지려 하고 소유하려 하는 사람에게 느림은 만들어지지 않는다. 내려놓을 때만 우리는 느려질 수 있다. 그리고 그 느려진 사람에게 새 길이 보인다. 빨리 가려고만 하려는 사람은 이미 난 길 위에만 서 있다. 그러나 그는 결코 알지 못한다. 세상에는 또 다른 길이 있다는 것을.

\# 삶에 지쳤던 한 여인이 스스로의 생명력을 되찾기 위한 몸부림 속에 만들어낸 제주올레. 그 더디고 느린 길 위를 걸을 때 바람과 파도가 내게 일러줬다. 삶이란 자기만의 길을 내는 것이라고. 포기하지 않고 좌절하지 않고 비록 느리고 더딜지라도 말이다.

〈〈중앙일보〉 발췌〉

이 글을 쓴 정진홍 씨는 산티에고 순례길에 올라 그 여정을 책으로 출간했다. 바로 〈마지막 한 걸음은 혼자 가야 한다(정진홍의 900

킬로미터)〉다.

다음은 이경희 한국창업전략연구소장의 글이다.

정년이 연장됐다고 하지만 정작 우리 주변에는 심지어 55세도 안
돼 퇴직한 후 재취업도, 창업도 못 한 채 어정쩡한 시간을 보내는 중
년의 인재들이 많다. 이들 중 상당수는 본격적인 창업에 대해 "이 나
이에 무슨 모험"이냐고 말하기도 하고 일에 대한 욕망을 자의 반 타
의 반 포기하고 주식투자에만 몰두하는 경우도 많다. 미국 오레곤대
학의 연구에 따르면 인간 능력이 최고조에 달하는 나이가 57세라고
한다. 중요한 책임을 맡은 정치인들은 70세가 넘은 사람이 수두룩하
다. 재래시장에는 꼬부랑 할머니들도 왕성하게 장사를 한다. 능력을
나이에 맞추는 것은 소중한 삶의 가능성을 스스로 제한하는 일이다.

(〈조선일보〉발췌)

지난해 세스 고딘은 동아포럼에서 〈사라질 것인가 아니면 앞서갈
것인가〉라는 주제로 연설을 한 바 있다. 그는 이 자리에서 이렇게
역설했다.
"스스로 아티스트가 돼라. 아티스트는 기존 질서에 도전하는 용기
와 통찰력, 창조성과 결단력을 갖춘 사람이다. 될 때까지 실패하는
사람만이 아티스트가 될 수 있다."

당신이 지금 길을 닦으면 길을 확장하는 셈이다. 맨 처음엔 두렵

고 '굳이 이 길을 가야 하나?' 하는 생각이 자주 들 것이다. 그러나 그냥 길을 닦는 일이 아니다. 당신의 생존과 밀접한 일이다.

내가 가장 싫어하는 길 3개가 있다. '평소대로', '하던 대로', '있던 대로' 다. 아직도 삶이 두려워 이 길에서 나오지 못하고 있다면 일단은 주행선에서 갓길로 방향을 틀어라. 다음엔 나갈 곳을 모색하라. 그리고 들이대라!

보통, 사람이 무엇을 시도하는 데 두 가지 유형이 있다. 하나는 '배운 다음 행동으로 옮기는 형알아야 하지형' 이고, 또 하나는 '하고 난 다음 배우는 형' 이다해보면 알지형.

그런데 디지털 시대의 생존전략은 '알아야 하지 형' 이 아니다. 일단 해본 다음 알게 되는 것을 취해야 한다. 즉 '해보면 알지 형' 으로 삶의 모드를 바꿔야 한다. 관건은, 생각이 아니라 행동이다.

다음은 류영모 씨의 〈뒤집기 명수〉라는 글이다.

프랭클린 루즈벨트 전 미국 대통령은 소아마비를 앓은 사람이다. 그러나 그는 미국에서 가장 위대한 경제 대통령, 경제 대공황을 극복한 대통령으로 기억되고 있다. 아무도 그를 장애인으로 기억하지 않는다. 악성 베토벤은 청각장애인이었다. 그러나 작곡가 중의 작곡가였다. 아무도 베토벤을 청각장애인으로 기억하지 않는다. 위대한 작곡가로 기억할 뿐이다. 에이브러햄 링컨 전 미국 대통령도 역시 그를 초등학교도 졸업하지 못한 무학자로 기억하는 사람은 없다. 노예를 해방한 위대한 대통령으로 기억할 뿐이다. 존 버니언도 감옥에서 평생을 보낸 사람으로 기억하지 않는다. 천로역정의 저자로 기억할 뿐이다. 아인슈타인과 에디슨을 지진아나 무학자로 기억하는 사람이 누가 있는가? 최고의 과학자와 발명가로 기억한다. 모두 역경을 극복한 위인들이다.

(〈국민일보〉'겨자씨' 발췌)

핸인햄버거 대표 오건 씨는 자신의 칼럼을 통해〈창직〉이나 무엇인가 꿈꾸거나 도모하는 이들에게 격려의 메시지를 이렇게 전한다.

〈앉은자리를 바꾸지 않으면 눈앞의 풍경은 결코 바뀌지 않습니다. 하늘도 올려다보는 이에게만 열려 있듯 말이지요. 새로운 시작 앞에 자꾸만 두렵다는 마음이 드시는지요. 나만 다른 길로 가고 있는 것 같아 종종 불안하기도 하고요?

나아지고 있다는 뜻입니다. 지금 자리에서 보다 조금씩 더 나아가고 있다는 뜻이에요. 상처위에 딱지가 앉은 다음에야 간질간질 새살이 올라오는 것처럼 말입니다. 하늘은 사람이 꼭 감당해낼 수 있을 만큼의 업業을 내린다 하였으니 너무 걱정하지 않으셨으면 하며, 글로나마 소소한 위로를 담아 건네 봅니다.〉

(〈중앙일보〉 발췌)

나에겐 묘한 강의 습관이 하나 있다. 강의를 마치고 참석자와 함께 힘차게 외치는 성공 문구가 있다. "하얀 도화지에 그림을 그리면 내 그림이요, 황무지에 말뚝을 박으면 내 땅이다!"

이 메시지를 한마디로 압축하면 '들이대!' 다. 이 세상 최고의 대학이 있다면 내가 세운 '들이대'다. 내가 가장 싫어하는 대학은 '서성대'다.

늘 강조하는 말이 있다. 인생은 셀프self지 헬프help가 아니다. 그렇다. 유퍼니의 길도 당신이 만드는 것이고 그 길은 아직 이정표도 없는 황무지나 다름없다. 그래서 해볼 일이다.

대부분 사람들은 어떤 어려운 상황이나 위기를 만나면 "이제는 끝이구나!" 하면서 이내 좌절하기 십상이다. 그런데 영어로 끝은 End 다. 엔드(End)는 앤드(And)라는 생각을 자주 한다. And라는 단어를 뒤집어 보면 DNA가 된다. 결국 끝 End는 And고, 나아가 당신의 DNA를 찾으라는 신호다. End → And → DNA

"길이 없으면 길을 찾고, 찾아도 없으면 길을 만들면 된다."

정주영 회장의 성공 방정식이다. 지금 당장 당신만의 길을 만들어라! 인생엔 정답이 없다. 바로 당신이 풀어가는 해답이 있을 뿐이다. 바로 당신이 푼 답, 즉 유답You 答이다. 유답으로 유퍼니를 만들어라!

삶을 업그레이드 하는 더 나은 삶　　**모아북스의 자기계발 도서** ─────

감사, 감사의 습관이
기적을 만든다
정상교 지음
246쪽 ㅣ 13,000원

어떻게 삶을 주도할 것인가
비전멘토, 자기경영 전문가 이훈이
제안하는 삶의 의미와 방향찾기
이훈 지음 ㅣ 276쪽 ㅣ 15,000원

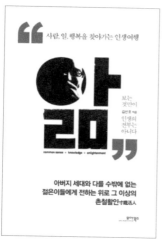

앎
보는 것만이 인생의 전부는 아니다
김선호 지음 ㅣ 208쪽 ㅣ 12,500원

감사의 재발견
군입대 예정자들이 부모와 함께
읽어야 할 행복한 병영수업
윤국 지음 ㅣ 308쪽 ㅣ 15,000원

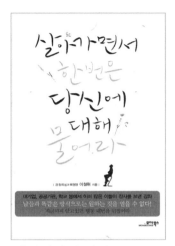

살아가면서 한번은
당신에 대해 물어라
이철휘 지음
256쪽 | 14,000원

놓치기 아까운
젊은날의 책들
최보기 지음
248쪽 | 13,000원

나인 레버
하는 일마다 잘 되는 사람의
이유를 아는가?
조영근 지음 | 248쪽 | 12,000원

감정회복
닫혀버린 마음도 열고
사람도 잃지 않는
윤재진 지음 | 248쪽 | 15,000원

1등이 아니라 1호가 되라

1판 1쇄 인쇄 | 2016년 12월 30일
1판 1쇄 발행 | 2017년 01월 18일

지은이 | 이내화
발행인 | 이용길
발행처 | MOABOOKS 모아북스

관리 | 양성인 · 정재형
디자인 | 이룸

출판등록번호 | 제 10-1857호
등록일자 | 1999. 11. 15
등록된 곳 | 경기도 고양시 일산동구 호수로(백석동) 358-25 동문타워 2차 519호
대표 전화 | 0505-627-9784
팩스 | 031-902-5236
홈페이지 | http://www.moabooks.com
이메일 | moabooks@hanmail.net
ISBN | 979-11-5849-046-1   03320